# "犹"爱的思维

[德] 蓝龙（Raphael Genis） 著

阮一庭 绘

清华大学出版社

北京

北京市版权局著作权合同登记号　图字：01-2020-6555

本书封面贴有清华大学出版社防伪标签，无标签者不得销售。

版权所有，侵权必究。举报：010-62782989，beiqinquan@tup.tsinghua.edu.cn。

**图书在版编目(CIP)数据**

"犹"爱的思维 / （德）蓝龙（Raphael Genis）著；阮一庭绘 . —北京：清华大学出版社，2021.1
ISBN 978-7-302-56991-6

Ⅰ . ①犹… Ⅱ . ①蓝… ②阮… Ⅲ . ①犹太人—家庭教育 Ⅳ . ① G78

中国版本图书馆 CIP 数据核字 (2020) 第 231945 号

责任编辑：张立红
封面设计：阮一庭
版式设计：方加青
责任校对：郭熙凤
责任印制：沈　露

出版发行：清华大学出版社
　　　　　网　　　址：http://www.tup.com.cn，http://www.wqbook.com
　　　　　地　　　址：北京清华大学学研大厦 A 座　　　邮　　编：100084
　　　　　社 总 机：010-62770175　　　　　　　　　　邮　　购：010-62786544
　　　　　投稿与读者服务：010-62776969，c-service@tup.tsinghua.edu.cn
　　　　　质 量 反 馈：010-62772015，zhiliang@tup.tsinghua.edu.cn
印 装 者：小森印刷（北京）有限公司
经　　销：全国新华书店
开　　本：185mm×130mm　　　印　张：5.875　　　字　数：100 千字
版　　次：2021 年 2 月第 1 版　　　印　次：2021 年 2 月第 1 次印刷
定　　价：59.00 元

产品编号：089066-01

Raphael Genis (Rafa) / 蓝龙

德籍以色列犹太人，中文名字蓝龙，精通中以两国文化，中文流利

Rafa 是一位犹太思维智慧教育专家

阿拉法犹太家庭教育创始人兼 CEO

世界园长大会特邀嘉宾

TEDx 香港以及 TEDx 杭州特邀嘉宾

TTF（尝试失败）公益组织创始人

中国银行全国巡讲嘉宾

广东省早教协会家庭教育顾问

播放量超过 250 万的喜马拉雅专栏讲师

中国国际广播电台、新华社《瞭望东方周刊》撰稿人

《"犹"趣的思维》《"犹"钱的思维》《"犹"智的思维》系列书作者

阮一庭

《"犹"爱的思维》插画师
纽约视觉艺术学院 (School of Visual Arts) 插画专业在读硕士
"海底两万里"插画系列曾参加纽约 Chelse Gallery 展览
擅长使用彩铅、针管笔、电子软件进行创作以及版画创作

# 引　言

## 写给谁?

如果你正在浏览，相信你对这本书感兴趣。

如果你对这本书感兴趣，相信你想更深入了解家庭教育。

如果你想要更深入了解家庭教育，那么相信你是一个愿意成长的父母（老师、教育者、注重自我成长的人）。

如果你是一个愿意成长的父母，那么你的孩子会愿意跟随你一起成长：明智的父母，幸运的孩子。

## 为什么写这本书?

心理学家阿尔弗雷德·阿德勒（Alfred Adler）曾说过："幸运的人用童年治愈一生，不幸的人用一生治愈童年。"

这句话虽然简单，但是强劲有力，发人深省，总结得清晰明了，让我们切身体会到原生家庭对生活不可或缺的影响：对幸运的人来说，家庭是良药；对不幸的人来说，则是毒药。

## 什么是为人父母?

你的工作是什么？职业是什么？你是投资者、会计、销售、软件工程师、设计师、商人或是运动员？

你的职业可以是其中一种，也可以是其他的职业……

我父亲经常面对这样平常的问题，但让我印象深刻的不是这个平常的问题，而是他非同寻常的回答。

他回答："我有两份工作，是个父亲，也是个妇科医生。"这时候对方会报以微笑，并反省自己。

我猜这样的回答也会让你陷入深思，对吧？毕竟我们生长的家庭、身边的朋友和所处的社会都教我们在一个狭义的框架内定义工作——能够为我们付出的时间和精力带来金钱的回报。

虽然这种想法没有错，但往往是我们生活中很多问题的根源所在。当我们把工作视为唯一职业时，会无意识地告诉自己："这是我的重心，其他一切（孩子、家庭、伴侣、朋友等）靠后，可以慢慢等……"

我们都知道且认同的是：在当今社会，为人父母是我们所扮演的最难、最复杂、最有挑战、最累人且最长久的角色。我们决定生育孩子时，就开始肩负起责任。事实上，这一责任永远无法卸下，即使在孩子离开"鸟巢"，找到伴侣，结婚生子后，我们仍然担忧和关心他们——我们仍是他们的父母。

我们无法改变这一过程，但可以改变这一旅程的感受。
我们无法避免途中的艰难险阻，但可以改变看待和对待它们的方式：视为等待解决的问题或帮助我们成长的挑战。

这不会从外在改变我们所遇到的问题，但是会从内在改变我们对其的态度和感知。

当我们把为人父母看成是帮助自身成长的机会而不是待完成的任务时，会更加充满信心和动力，积极主动地投入更多时间和精力去探索、反思、观察、询问、倾听、讨论、合作、陪伴、学习和成长。

找到最佳而非最快的解决方法——我们就成为愿意和孩子一起努力的父母，而非与孩子对抗的父母：我们和孩子共同成长！

# 如何为人父母?

我们和孩子一样，都是普通人。
人非圣贤，都会有所不知、有所不会。
我们的知识有所不足，阅历尚浅；
我们无法做对每件事，我们会犯错，我们并不完美。

那么，什么使我们有能力去养育孩子?
是学术或事业上的成功？是理论知识或个人财富?
这些可能足够让我们成为父母，但要养育孩子，我们还需要作出其他努力：

我们需要注重建立关系，而非追逐成就；
我们需要鼓起勇气犯错，而非害怕出错；
我们需要选择自己的方向，而非随波逐流；
我们需要做真实的人，而非完美的父母；
我们需要在精神上关爱孩子，而非用物质上的礼物。

孩童时期我们想从父母那里得到的，现在也是我们的孩子想从我们身上得到的；
参与感、平等、信任和合作，渴望父母接受他们最真实的样子，相信他们的潜能。
因为孩子或其他人就像你一样，虽然外在有差异，但内在一样：都有着同样的精神需求。

我们对孩子感同身受的能力，提供给我们为人父母的思维。

祝您阅途愉快！

# 感　　谢

在此，我想借此机会感谢我的亲人和朋友们，是他们使我能够把这本特别的书带给你们——我亲爱的读者们。

和往常一样，首先也是最重要的是，我要感谢我的家人，我的父亲 Eli，我的母亲 Irit，以及我的弟弟 Roy 和妹妹 Loren，感谢他们无条件的爱、信任和支持，以及在我的旅程中一直给予我的支持！

我要感谢阮一庭，一个年轻的充满激情的设计师，这本书背后的"创意大脑"，用她天才的绘画技巧帮助我把抽象的想法变成生动、易懂的彩色图像。

感谢蔡乐书，这本书的"视觉大脑"，用她充满活力和创造性的思维将普通的内容和文本转化为交互式故事讲述的视觉体验。

非常感谢黄婉妮，由于她出色而富有艺术性的中文翻译技巧，让本书易于理解和阅读。

谢谢一直以来的同事和朋友黄冰，她的支持和对本书审校所投入的精力，得以形成这最终的版本。

最后也是非常重要的是，我要感谢雅静和夏珊珊陪我完成这本书，感谢她们为我提供有价值的反馈和修改建议。还要特别感谢李晓庆，用她的宝贵时间、耐心和清晰的思路帮助我优化这本书的最终版本。

最后，感谢你们，亲爱的读者们购买、阅读这本书以及对我的支持！

אהבה

[Ahava]

爱

Our ability to become extraordinary parents lies in our ability to answer one ordinary question:
"Why are we giving birth?"

我们能否成为 **出色的父母** 在于能否回答好 这一普通问题： **为何生养？**

我们选择一份工作的原因可能是企业规模、薪资水平、企业文化或发展前景，
重要的是我们为什么选择这份工作，而非选择了什么工作。
我们选择生育可能是出于生理需求，
父母施加压力、年龄促使或自身渴望给予与成长，
关键在于我们为什么选择生育，而非什么时候生育。
从事一份真正热爱的工作时，我们并非只履行职责，
而是投入更多精力，更主动学习，更愿意完成好工作而不只是完成任务！
养育孩子和工作类似，两者基于同一原则——
当我们选择生育是因为真正想分享经验，和孩子共同成长，而不是只为繁衍下一代，
养育孩子是促进我们成长的过程，而非待完成的任务。
我们会更愿意学习而非一味说教，更愿意培养长期思维而非寻求短期方法。
我们会更有耐心去发现孩子并了解自己，花时间找到问题根源而非仅仅解决问题。
过程和时间不变，但养育孩子的道路改变了，变得更加特别、更有意义、更有乐趣！

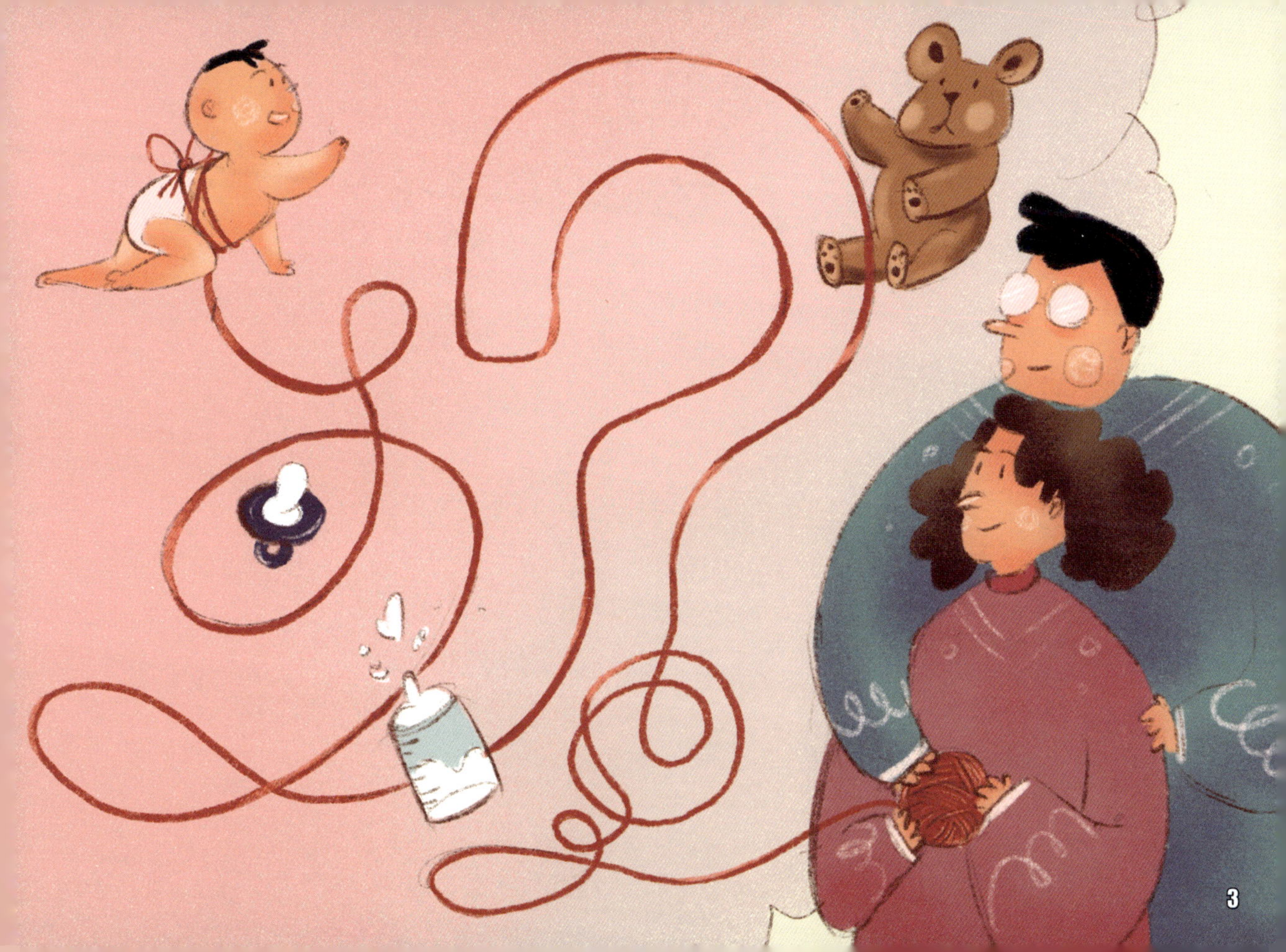

# 栽培植物方法有别
## 教育孩子模式各异

Different plants require different cultivation,
different children require different education.


衣服、食物、产品，可以大批生产。
但在学校和家庭，教育必须量身定做。
学术材料可以由工厂大批生产，
但孩子的教育必须在家中个性设计。
犹太智慧告诉我们"根据孩子的方式去教育孩子"，
提醒我们不要忘记设计我们的教育方式，以符合孩子的需求。
偏外向还是偏内向、偏感性还是偏理性、偏成熟还是偏幼稚，
甚至有同样基因的双胞胎，都要以不同的方式培养。
抚养孩子，和培育一株植物的原理一样，
温暖的爱，健康的营养物，自由的空间，近距离的观察；
在阴天和晴天不断地调整和适应。

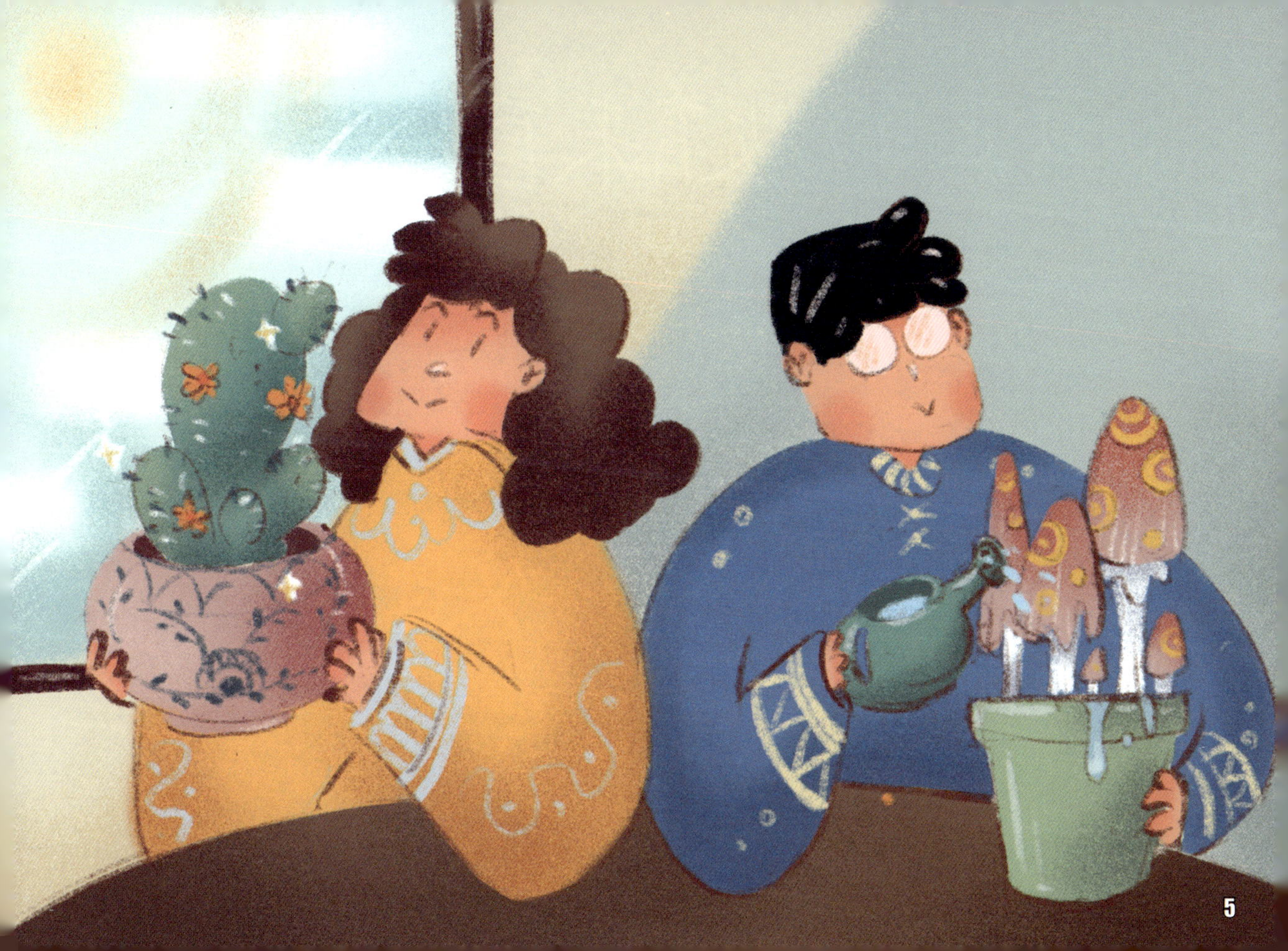

# 真正的教育来自👪家庭

**Real education comes from family.**

一般父母让孩子上最好的幼儿园，找最好的老师，进最好的班级，
目的是从外在给孩子争取最好的一切。
犹太教育也会让孩子上好的幼儿园，找好的老师，进好的班级，
也会从外在为孩子获取更好的资源。
前者以外面为出发点，后者以外面为提升点。
好的学校和老师对孩子固然重要，

但真正的教育和老师来自家庭的氛围和 父母 的思维。

好的学校提供知识和技能，帮助我们面对工作。
好的家庭培养思维和心态，激励我们面对生活。

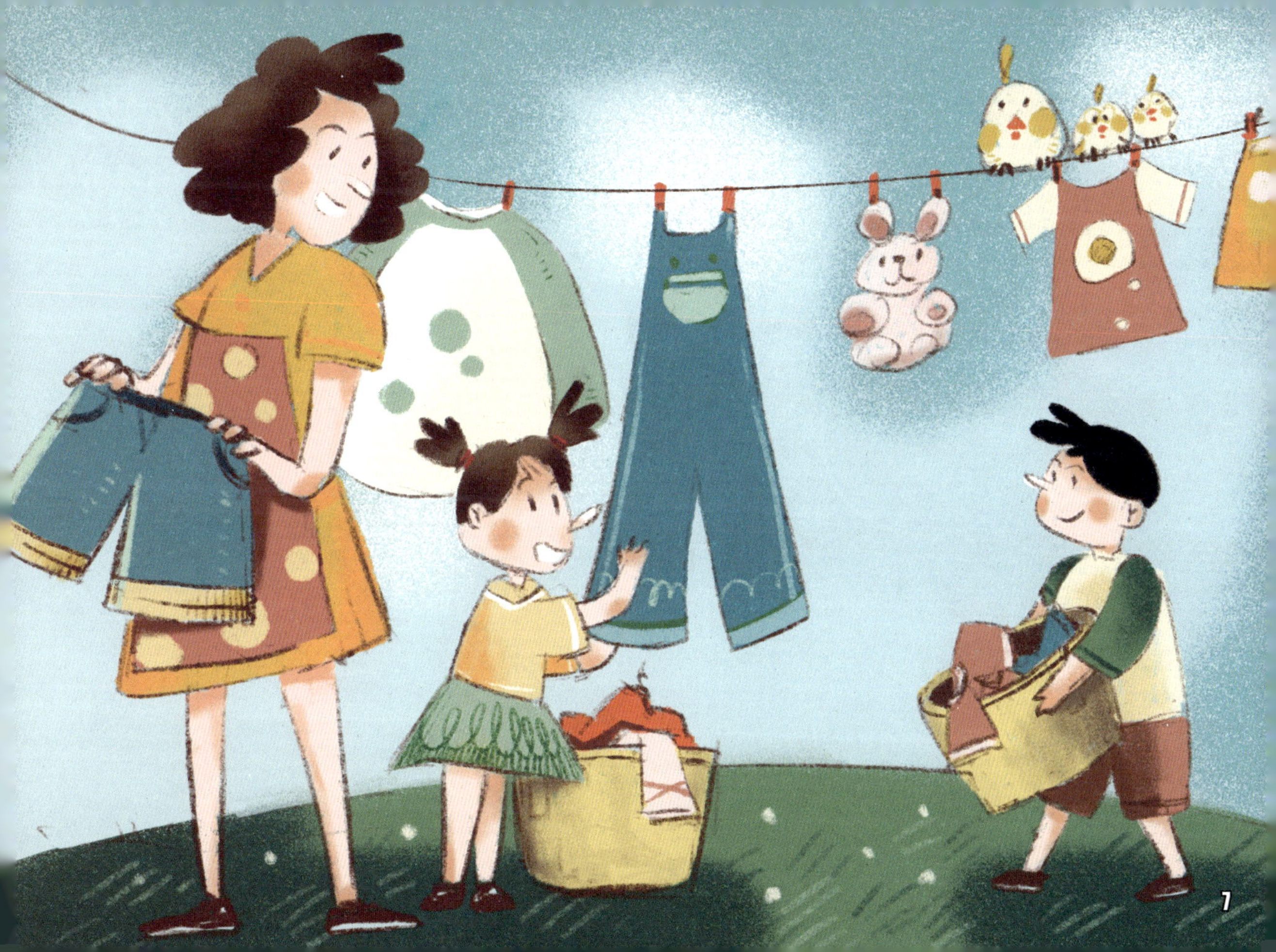

# 没有失去梦想的孩子
# 只有缺乏勇气追求梦想的孩子

我想看到月球 在天空中飞
在台上跳舞
打进世界杯 我想帮助他人

我想成为最好的自己

There is no child without a dream,
there is only a child without the courage to pursue it.

孩子们小的时候，都有一种品质——他们充满梦想，并告诉我们真正想要的——就是做自己！
长大后，大多数孩子渐渐失去这种品质——他们没有梦想，
这时他们告诉我们他们真正想要的——就是比别人优秀！
"我想赚钱""考进名校""找到好工作""向他人证明"……我想成为世界上最优秀的人！
两者的区别不在于消失的梦想，而在于梦想背后的勇气。梦想从未消失，勇气已不复存在！
数学和英语可以习得，但梦想无法学习，只能被保护，通过家庭的氛围和父母的思维得以保护。

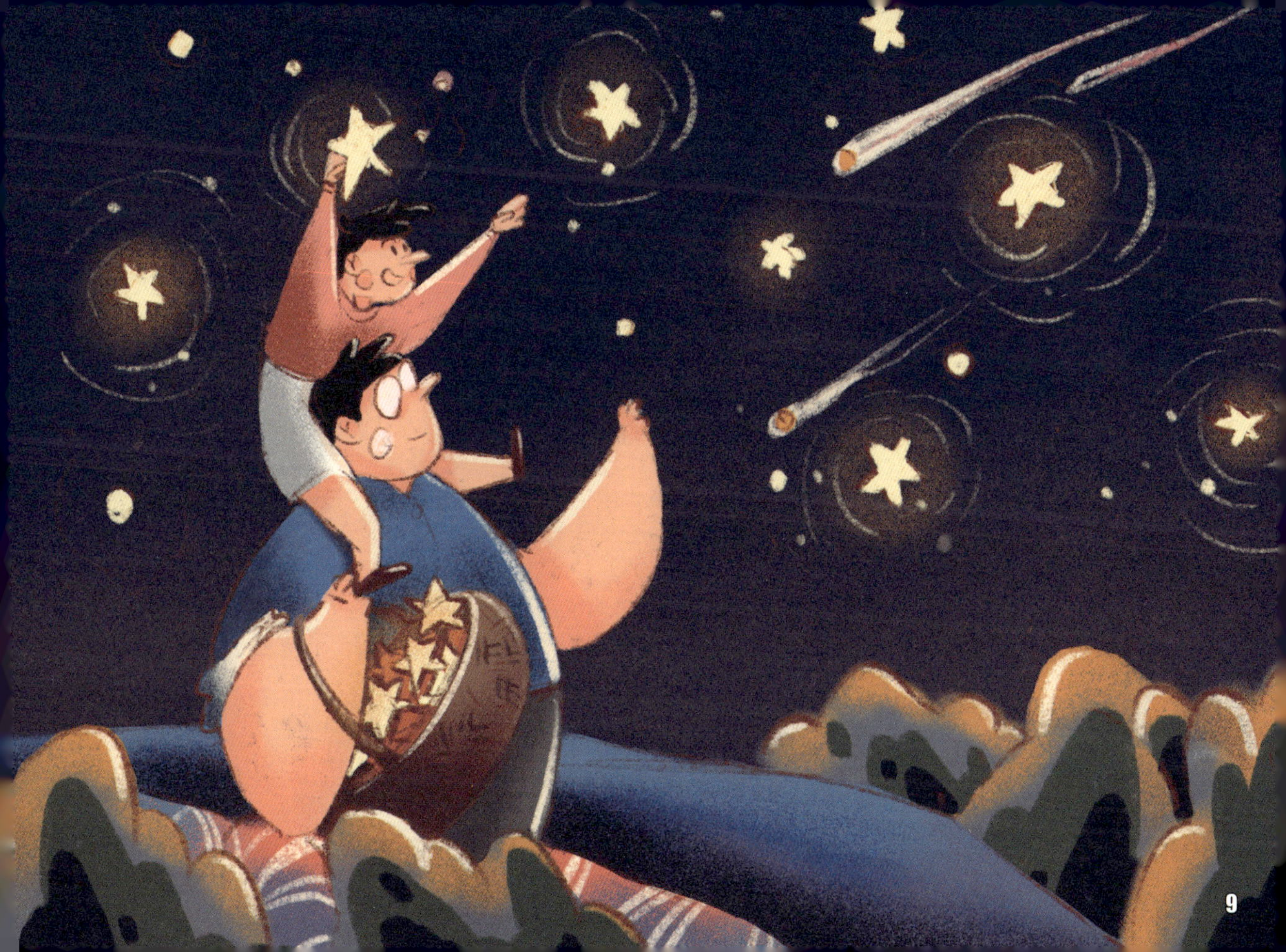

# 接纳自己
# 爱自己

If we don't accept who we are, how can we accept others?
If we don't really love ourselves, how can we love others?

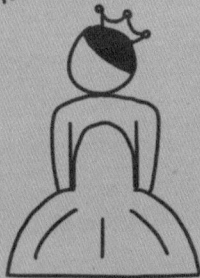

"你爱他吗?"

"你爱她吗?"

在世界上，结婚的前提是两个人彼此相爱！

所以，我们大多数人谈论的是爱对方，只有少数人想到爱自己。

从理论上说，这一点看起来比较复杂；但从实践中看，原则很简单。

无论是快乐、爱还是自信，只有我们自己拥有、愿意给予时，才能够给予他人，与他人分享。

如果我们不接纳不完美的自己，怎能真正爱自己？

如果我们没有真正接纳和爱自己，怎能接纳和爱他人？

"我爱他!" 孩子们学会接纳并爱自己，是因为他们的父母也无条件地接纳和爱孩子本来的样子， "我爱她!"
而非理想中的样子。

但如果父母没有接纳和爱自己，又如何接纳和爱自己的孩子呢？

在世界上，结婚的前提是爱自己的伴侣，

但在生活中，幸福和成功的前提只能是接纳自己、爱自己。

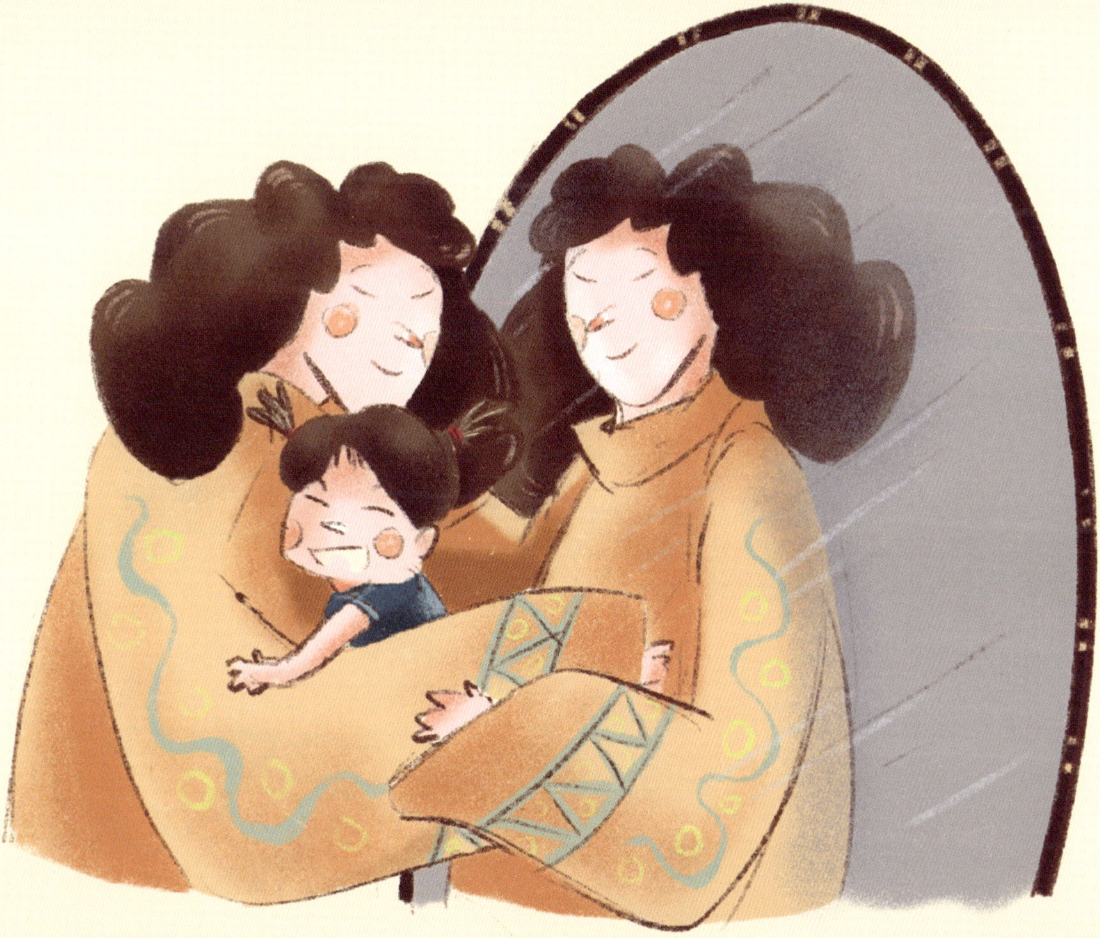

Each child has wings,
but not every child has the courage to fly.

每个孩子都有一双 翅膀

但并非每个孩子都敢于飞翔

鸟儿有翅膀可以翱翔，孩子有潜能得以发挥。
挥动翅膀，鸟儿飞得更自在；发挥潜能，孩子过得更快乐。
无论是展开翅膀，还是发挥潜能，都需要尝试和实践，需要走出舒适区。
但不管翅膀多宽、潜能多大，都是自信和勇气的累积，
而非天赋促使我们从安全区步入风险区，从舒适区步入非舒适区，并将内在潜能转化成外在实力。
过度的爱或过少的爱，过多要求或毫无要求，
这样不同的家庭，不同的教育，结果都是一样的——培养出拥有翅膀却无力飞翔的孩子！

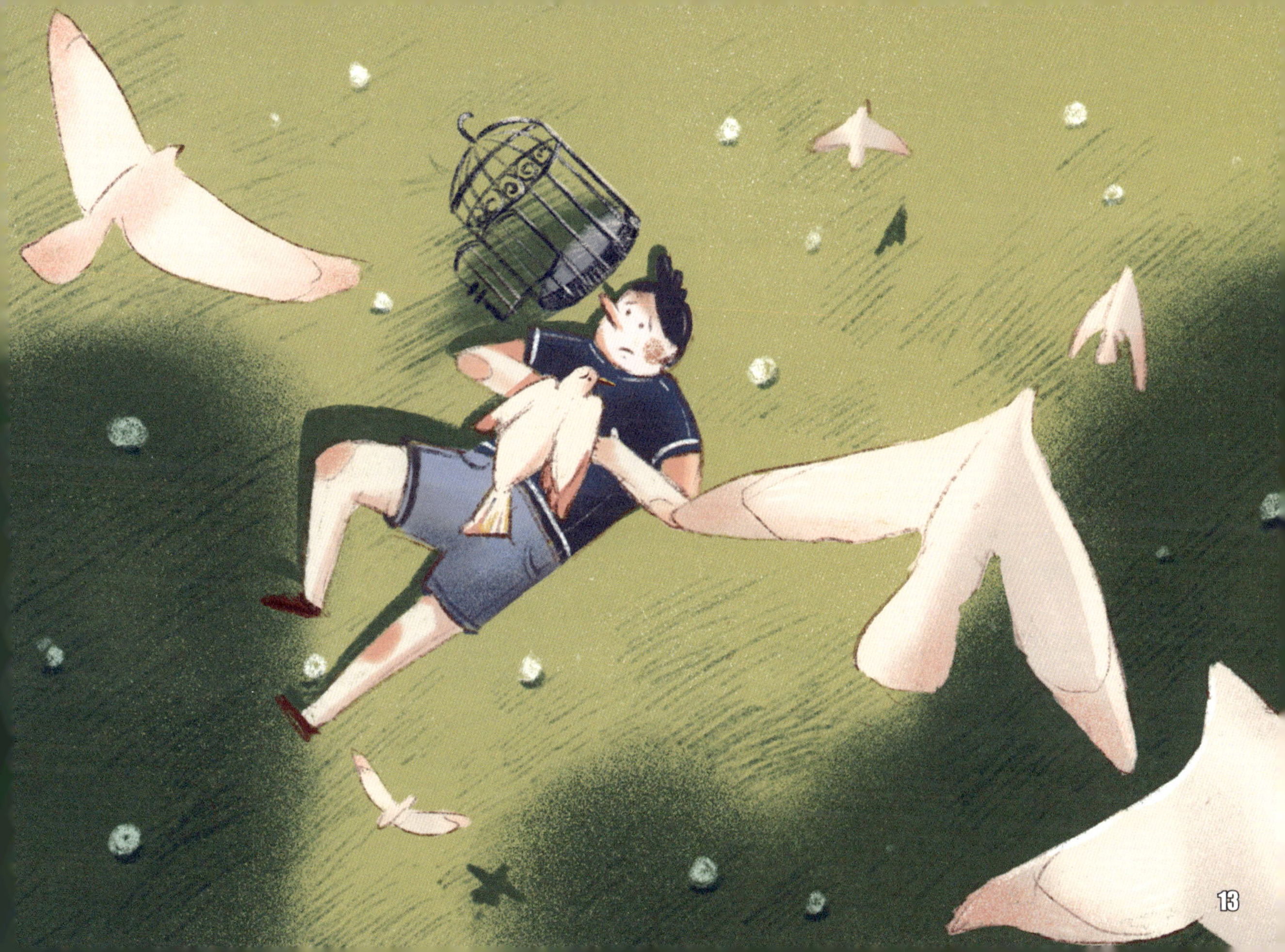

# 我们能为孩子做的最好的事 就是允许他们。"无聊"

The best thing we can do for our children, is letting them get bored.

普通父母常常避免让孩子们无所事事——
投入大量时间、精力和金钱，只为让孩子一直忙碌！
而出色的父母常常尽量让孩子空闲下来——
提供时间、环境和机会让孩子享受休闲时光。
随着科技进步、消费主义兴起、课外活动增多，我们身处的现代社会为孩子打造了一个世界，
让孩子忙于 "完成"生活中的各种事情，鲜有时间真正 "感受"生活。
尽管忙于学习技能和知识很重要，但更关键的是有足够的时间探索自己是谁、自己想要什么！
培养耐心，激发想象力，提高解决问题的能力，并打造自信心，

闲暇 能帮助孩子与自身建立联系，从而强化与他人的联系——
允许孩子无所事事，能够让他们的童年过得更健康、生活更幸福！

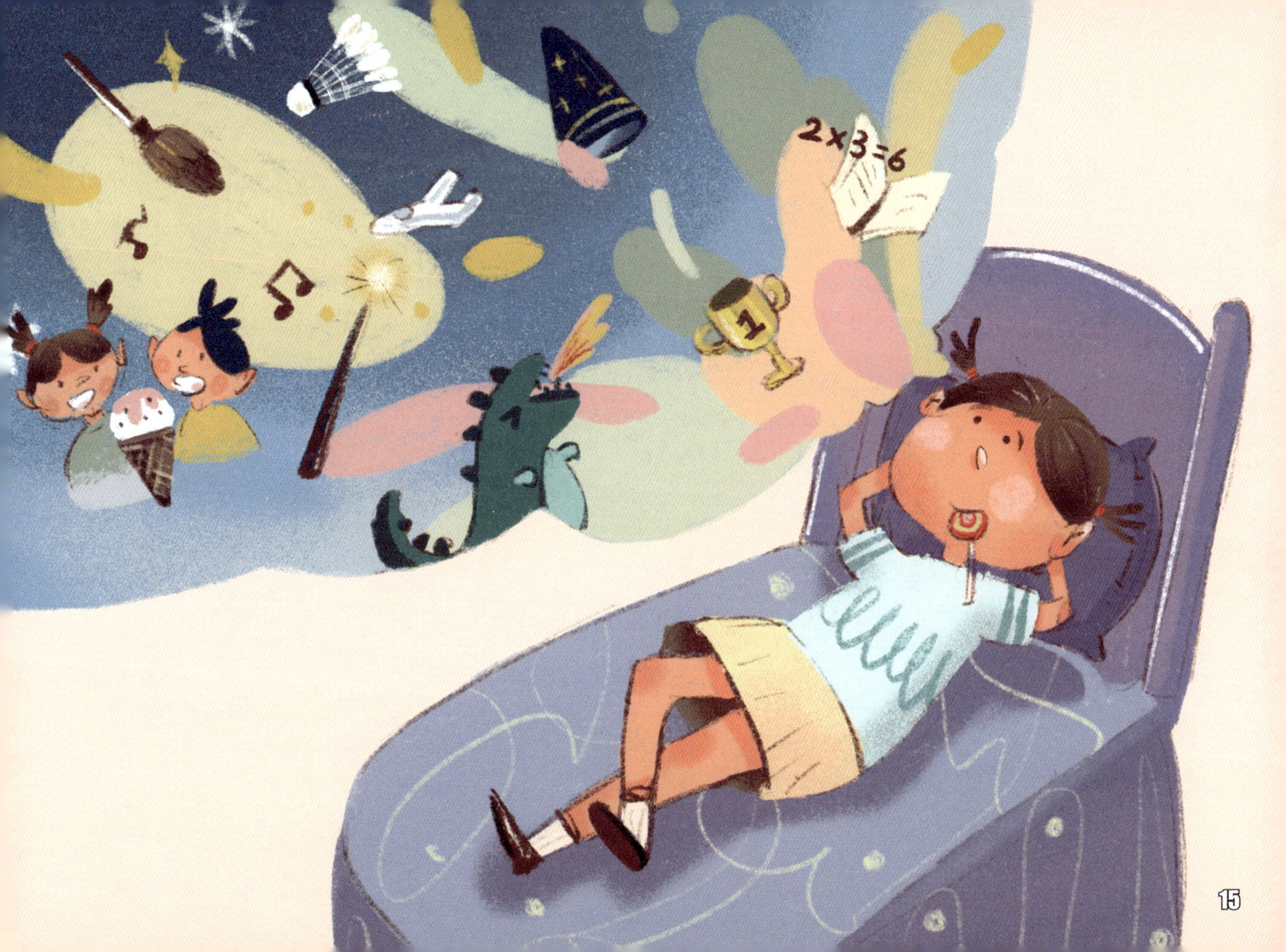
2×3=6

# 有责任心的父母敢于进行"朝内"的探索 而非"朝外"的效仿

Responsible parents have the courage to explore "inwards",
rather than follow "outwards".

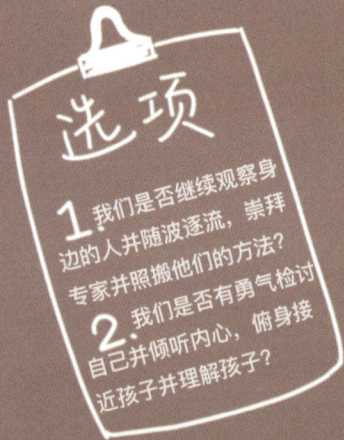

面对一份新工作时，我们都缺乏经验，
所以我们感到焦虑——害怕犯错。
初次为人父母时，我们都缺乏经验，所以我们感到恐慌——害怕犯错。
只有开始工作，我们才能从中学习；只有不断尝试，我们才能学会养育。
做我们所想，尝试我们所信。
不管是行动还是尝试，思考还是信仰，
都是我们做事情的"为什么"而非"做什么"。

面对两个选项，需作出一个选择。
大多数父母选择前者而非后者，认为这就是他们避免犯错的方式，
却没有意识到一旦作出这个选择，他们已经犯了养育孩子中最大的一个错误——
没有试着了解孩子，没有忠于自己！

## 选项

1. 我们是否继续观察身边的人并随波逐流，崇拜专家并照搬他们的方法？

2. 我们是否有勇气检讨自己并倾听内心，俯身接近孩子并理解孩子？

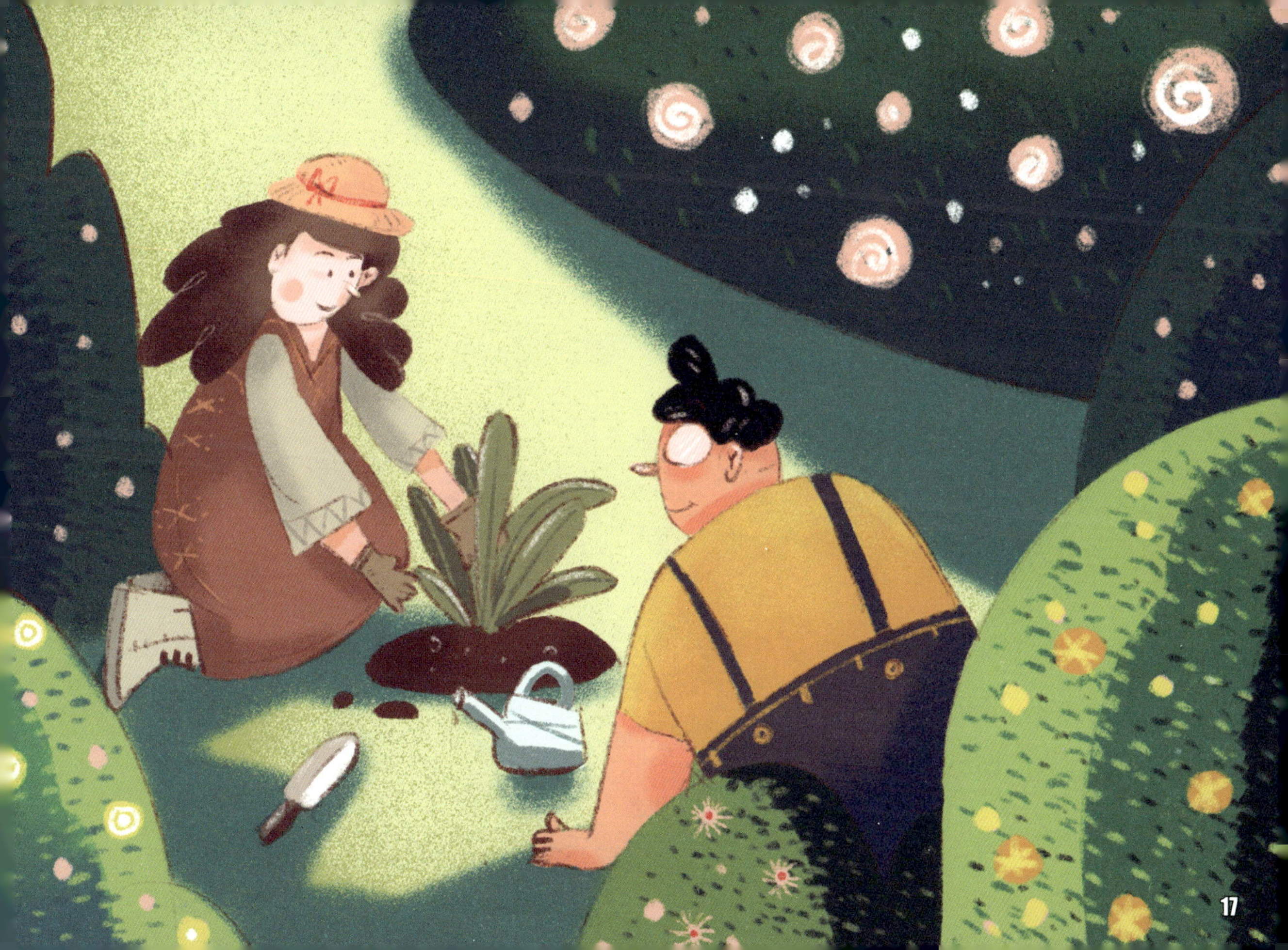

# 童年不在于度过
## 而在于经历

Childhood is not just a stage to go through,
rather a period to experience.

我经常问父母们一个问题："童年的作用是什么？"
却很少得到满意的回答。
童年的作用不仅仅在于确保我们的孩子在生理上快速茁壮地成长，
还在于童年应确保我们的孩子在精神上平稳健康地成长。
前者视童年为直升机，后者视童年为飞机；

直升机可以迅速上升，但飞机可以飞得 更远、更高更久

飞机飞离跑道需要时间，孩子也需要时间经历童年：
去尝试，去探索，去玩耍，去犯错，去了解自己，去张开翅膀准备翱翔。
因为只有真正有时间做孩子的人，才能成长为一个真正的大人；
不仅仅是在年龄和外表上体现，还在思维和行为中体现。

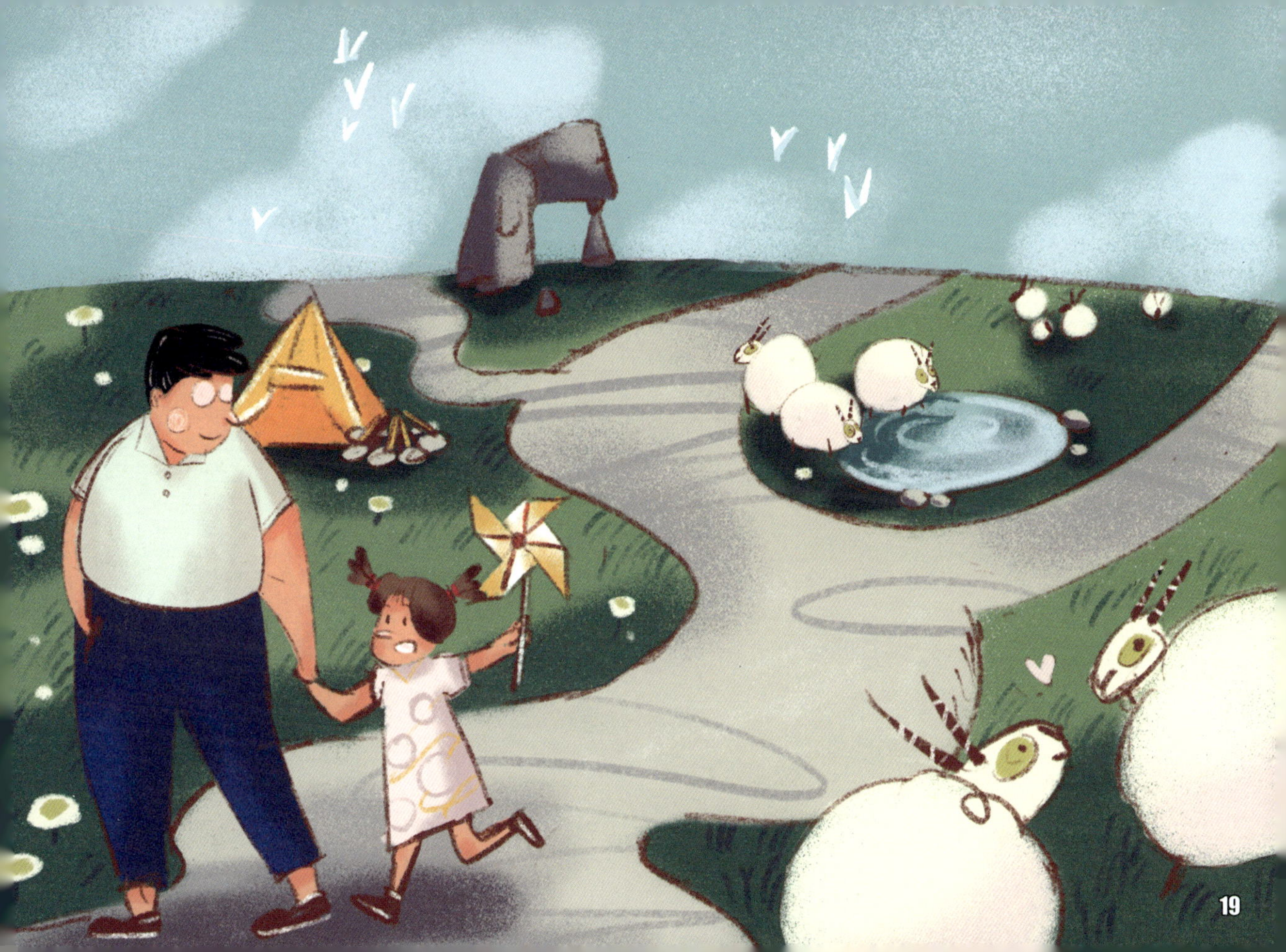

Most of us can give birth to a child,
but only a few can truly raise a child.

绝大多数人可以 生育 孩子，但只有少部分人能够 养育 孩子

绝大多数人认为父母只是一个"名词"——"有了孩子"就成为父母。
很少人懂得父母其实是个"动词"——我们"如何养育孩子"使得我们成为父母。
生孩子是一个结果，一项待完成的任务——大多数人经历分娩有了孩子。
但养育孩子是一个过程，一条发展的道路——只有不断学习，才能做到。
理论上看，世界上有很多父母，
但事实上，优秀父母和普通父母的不同之处并不在于称谓和名字，
而在于父母的思维模式，在于他们主动学习、乐于改变、不断成长。
这是明智父母的精髓所在。

"名词"　　　　"动词"

# 欲教己去教人 ✗ 欲教人先教己

If you want to learn, teach others.
If you want to teach others, learn.

想让孩子熟悉所学的，给他们练习的机会：
可以是读一本书，或总结一节课，
而想让孩子理解所学的，应给他们教授的机会：
描述一本书或讲解一节课。
当我们吸收新知识时，我们是被动的；
当我们分享新知识时，我们更加主动。
个人作业和书面练习很有用，
但和他人分享，向他人展示才是真正有效的。
因为练习可以基于背诵，但教授通常基于思考；
我们能向他人讲解知识之前，首先自己要吸收！
因此，老师需要一周时间来备一小时的课；
通过教授他人，我们自身得以学习！

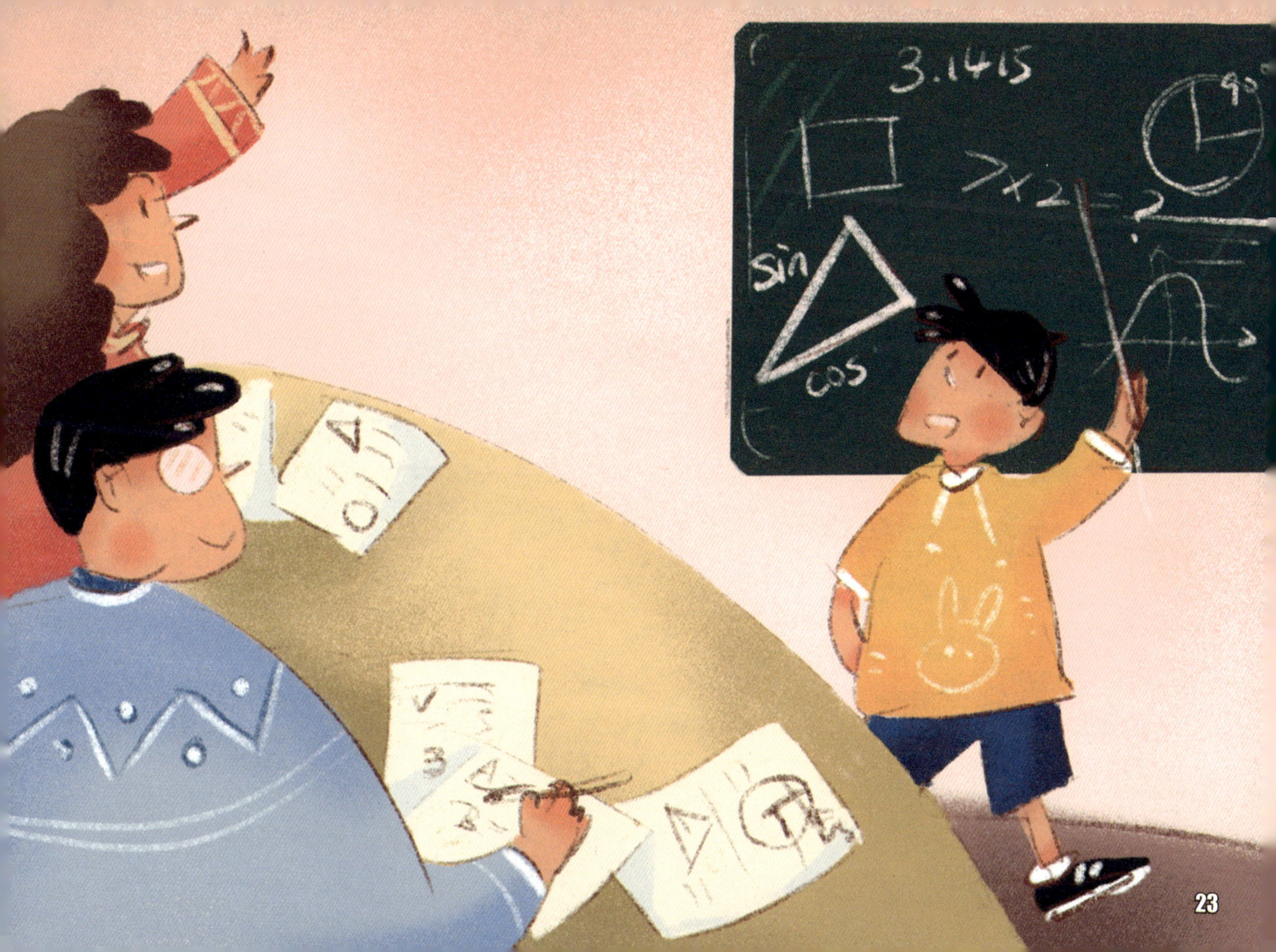
3.1415
sin
cos

聪明的是 犹太家庭教育
而非犹太 孩子

Jewish children are not smart,
Jewish family education is.

善于创新，拥有财富，聪明绝顶——中国人认为："犹太孩子天生就很聪明！"
富有耐心、勇气和信仰——犹太人知道：犹太家庭教育是明智的。
无论是中国人还是犹太人，欧洲人还是非洲人，他们的根源和外貌也许有所不同，但本质是一样的：
孩子是相似的：天赋不同，本性相似。
孩子都精力旺盛，非常快乐，富有好奇心，动力满满，乐于探索，不畏失败——
这就是孩子和成人之间的不同！
作为父母，你追求的是一时痛快还是长期回报？你是否试着迎合他人，还是敢于标新立异？
你想做追随者还是领导者？技能固然重要，但思维模式的教育更重要，特别是家庭教育。
相信自己，勇于尝试，耐心等待，正是犹太人成功的秘诀：即在于父母的思维模式，而非孩子的天赋！

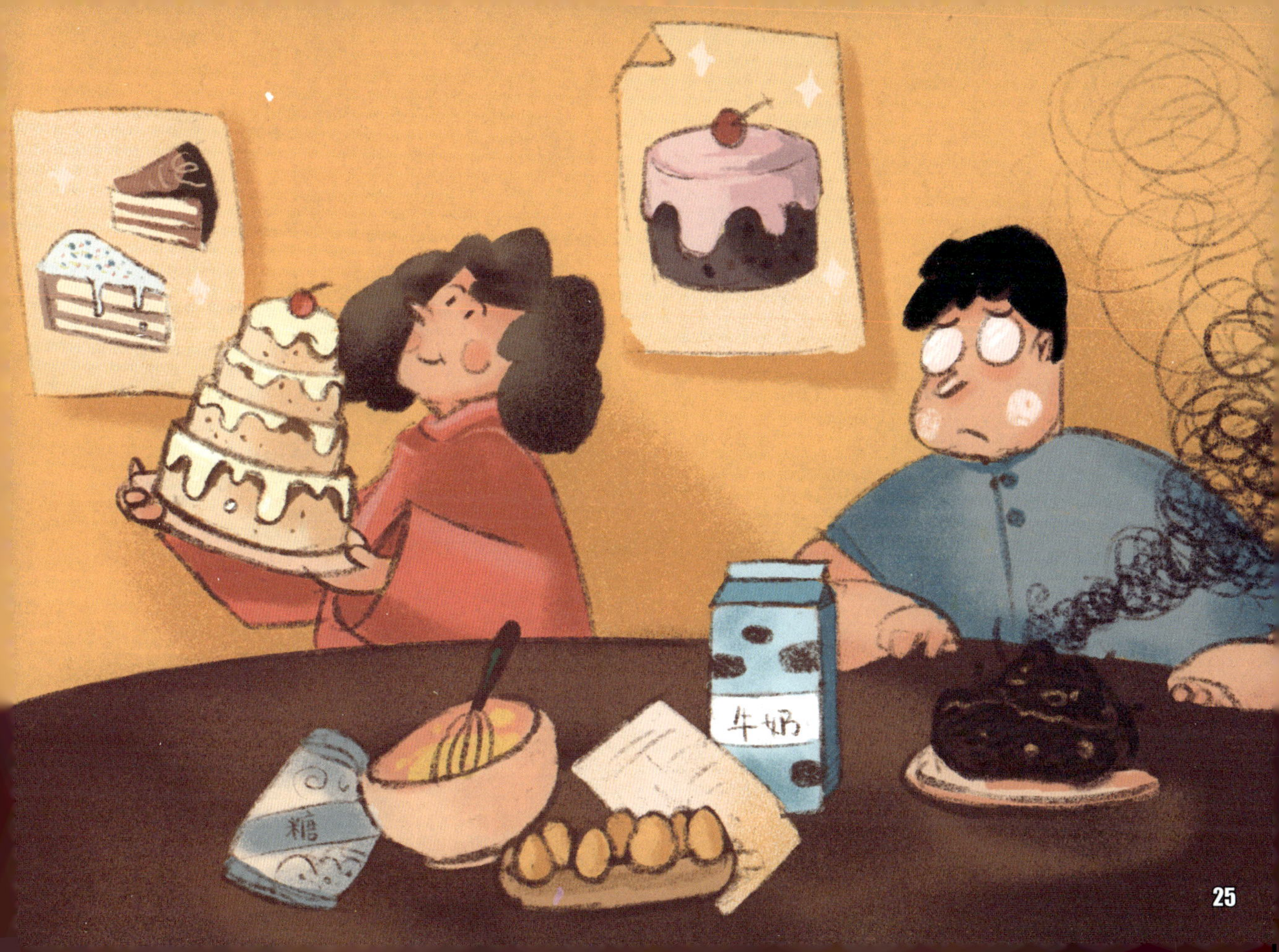
牛奶
糖

为人父母不在于任务的完成，而在于对孩子的探索。
更像是园丁在辛勤培育，而不是像设计师在创造。
设计师用自己的工具随心所欲地创造，而园丁竭尽所能地浇灌自己的种子；
前者自主选择，而后者默默观察。
"设计型父母"想让孩子成为最优秀的医生，
而"园丁型父母"努力帮助孩子成为最优秀的自己。
前者问的是"我想让孩子成为怎样的人？"，后者问的是"我的孩子能成为怎样的人？"。
为人父母在于观察孩子，而非创造孩子；
试着真正地了解孩子，探索他们所热爱的、所能做到的，从而帮助他们发现潜能，实现梦想。

As parent, our mission is
helping our children find
what they are really passionate about.

为人父母，我们的使命二是帮子孩子找到他的兴趣所在！

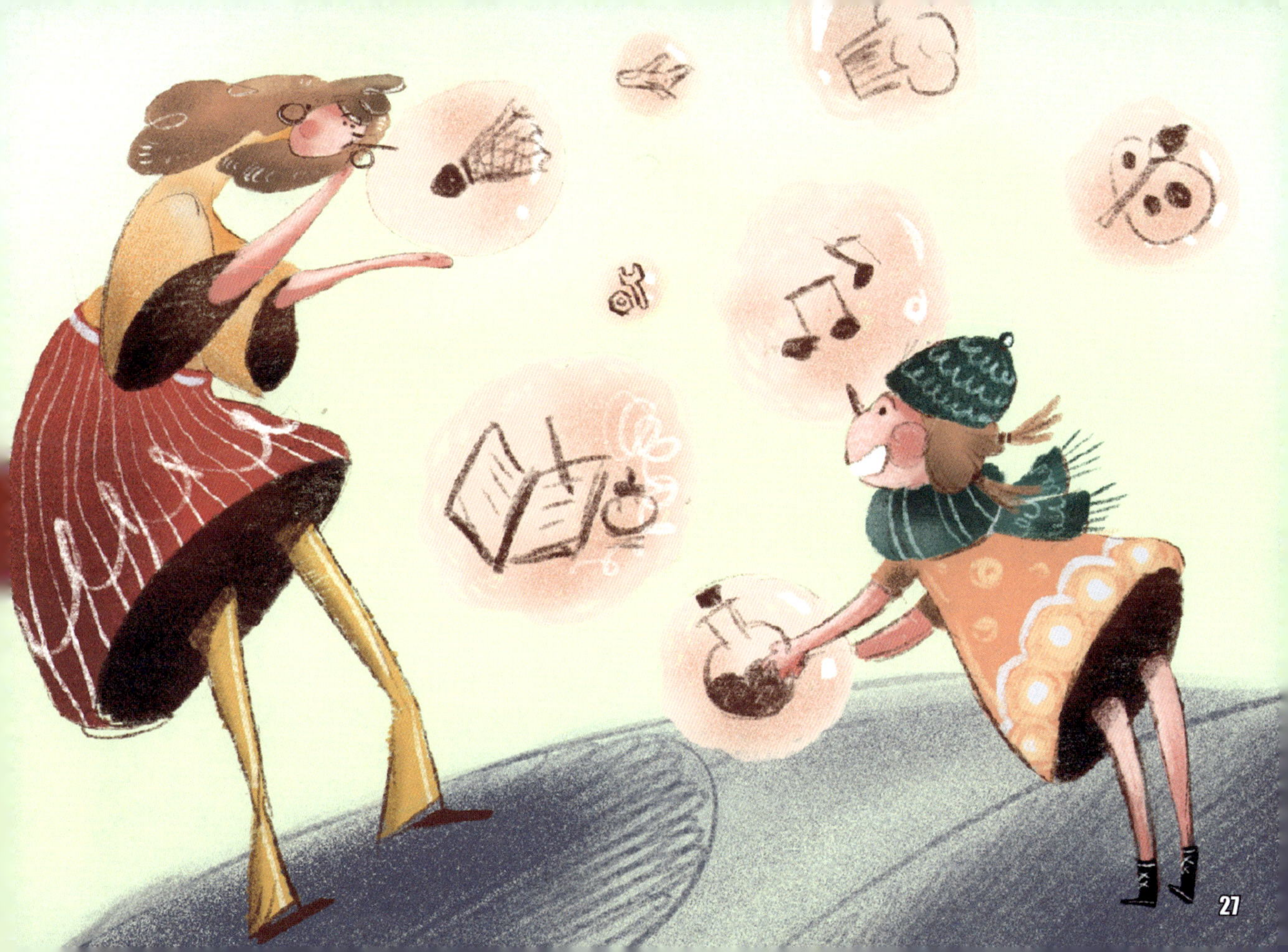

# 优秀孩子与普通孩子的区别在于他们梦想的 大小

What distinguishes an ordinary child from an outstanding one,
is the size of their dreams.

你如何定义一个优秀的孩子？
根据他的智商、技能掌握程度，还是实在的成绩？
我猜这正是大多数父母所想的。
因此每个年代仅有少数人推动这个世界向前：他们创新、影响并改变这个世界。
这些人不一定是普通意义上的优秀，但他们敢于拥抱心中的梦想，
给这个世界带来了巨大影响，从而成为优秀的人！
梦想是我们身体的"食粮"、灵魂的"氧气"，梦想让我们真正地活着。

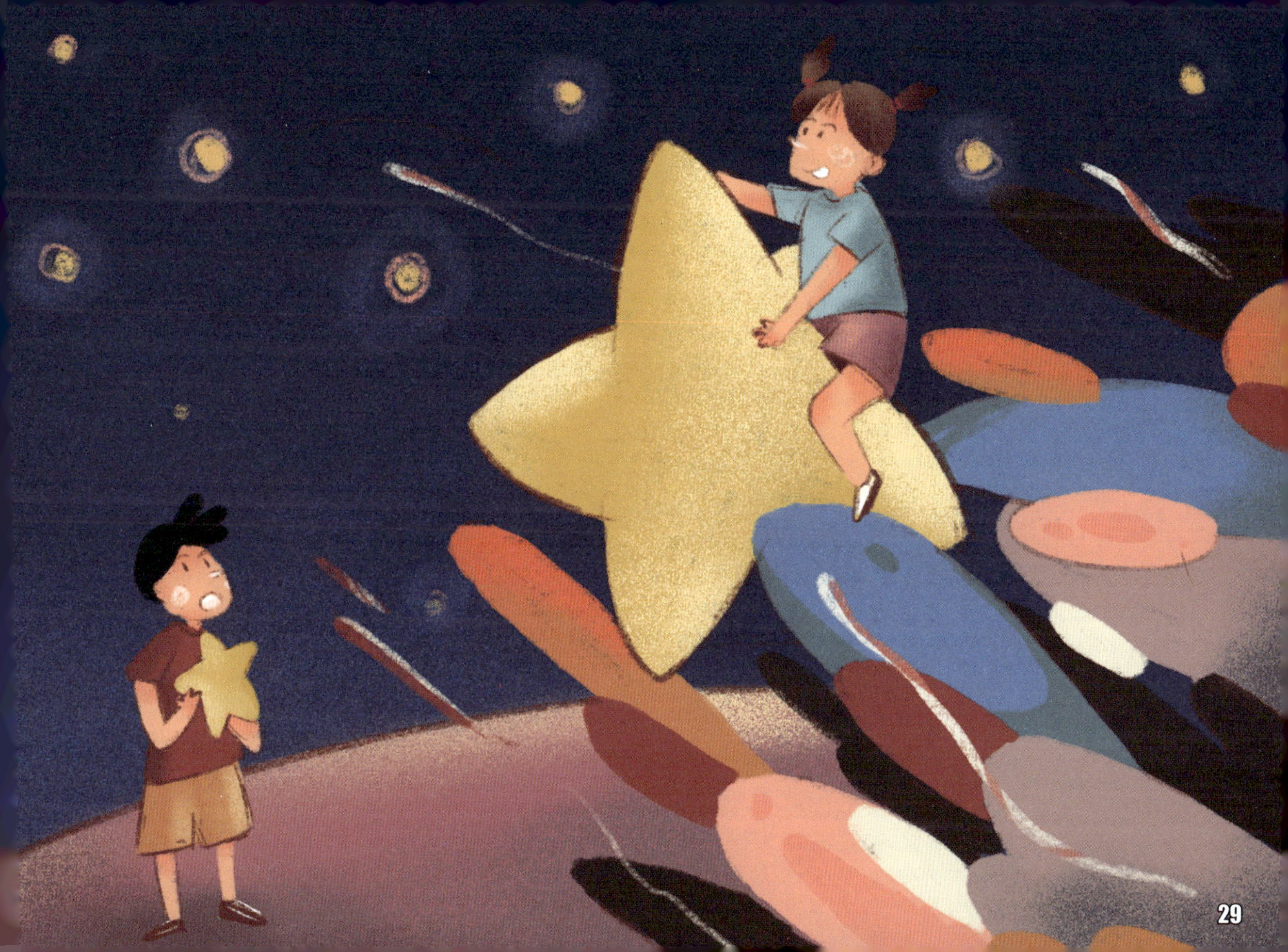

# 我们能给孩子最好的礼物是一副彩色眼镜用于观察世界

The best gift we can give our children is a pair of tinted glasses to approach this world.

为什么有的出租车司机能比其他同行更快乐呢？为什么街边摊贩比华尔街亿万富翁有更多笑容呢？
为什么有的人能比其他人更幸福呢？可能就像史蒂芬·柯维曾说过的：
"我们透过自己的眼镜，看到的世界不是其本身的样子，而是我们自己的样子。"
唯一的真实存在于我们自身，存在于内心深处！
因为我们不是用眼睛看这个世界，而是用心感受它。
外界只是一种错觉，反映我们内心的真实。
这种真实由我们内在的精神世界所创造。
我们乐观还是悲观，积极还是消极，充满感激还是满腹抱怨，主动还是被动，自信还是焦虑？
我们内在的感受影响着外在所看到的事物，我们的外在世界反映了内心世界。
因此保护和培养孩子的内在世界比培养外在技能更重要，
因为所感影响所见！

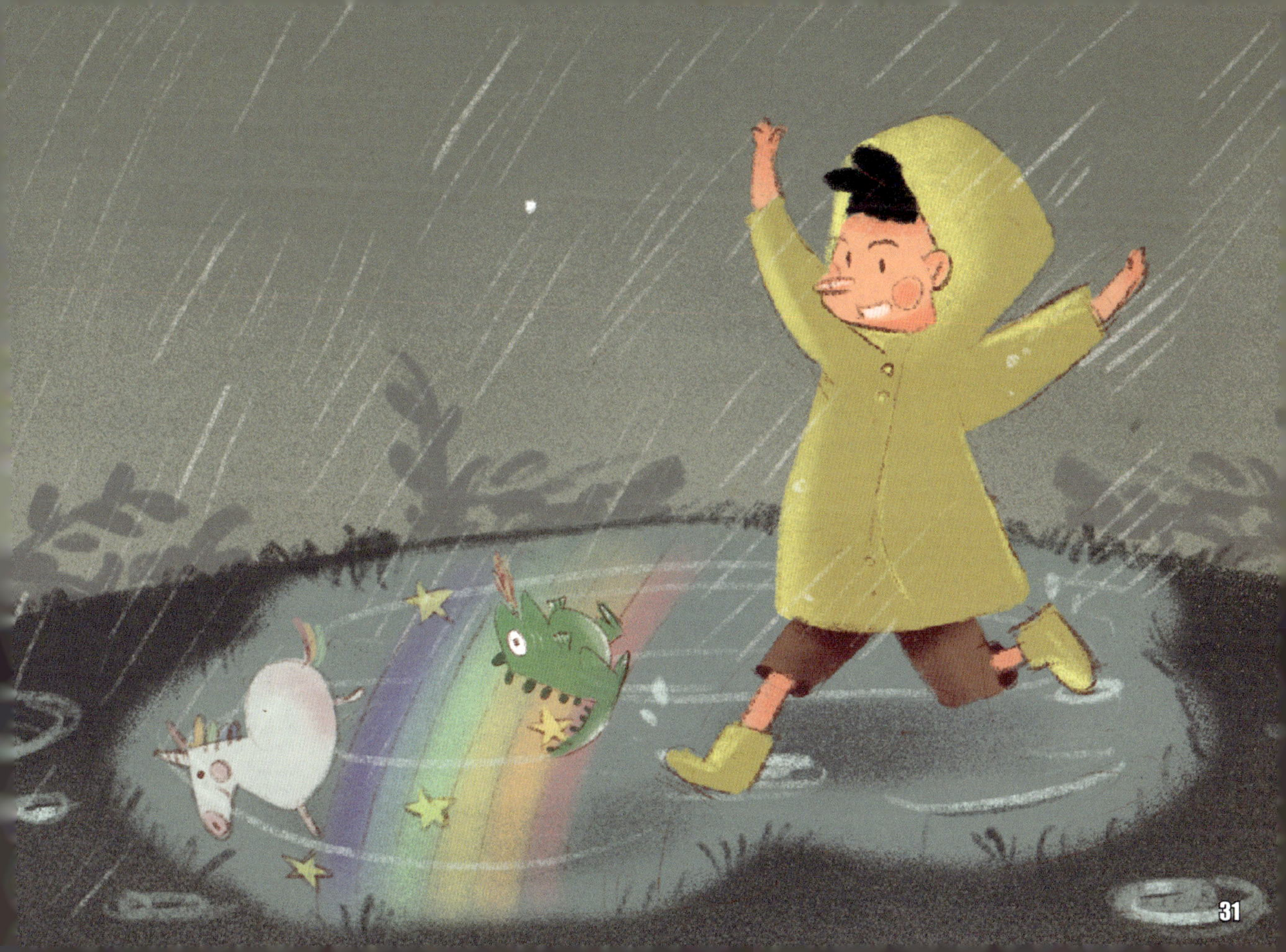

# 有智慧的父母注重培养孩子的各种品质——
# 学校注重知识技能, 但品质却是生活的必需品!

A wise parent is one who strives to foster his child's traits–those which
cannot be developed in school, but are indispensable for life.

**学校**教会我们技能和知识——　　　　　　**生活**考验我们思维和智慧——
阅读、写作、英语、历史。　　　　　　　　　思考、行动、适应、成长。

对学校教育来说, 做到勤奋努力、博闻强记已经足够, 但只有动力、好奇心和热情才足以应对生活。
前者可以影响我们的做事"方式", 而后者能够使我们挖掘出做事背后的"动机"。
"方式"影响结果, "动机"促进过程;
但在生活中, 有别于学校的是, 过程远远重于结果。
正是过程使我们拥有长久的幸福和永远的成就感。

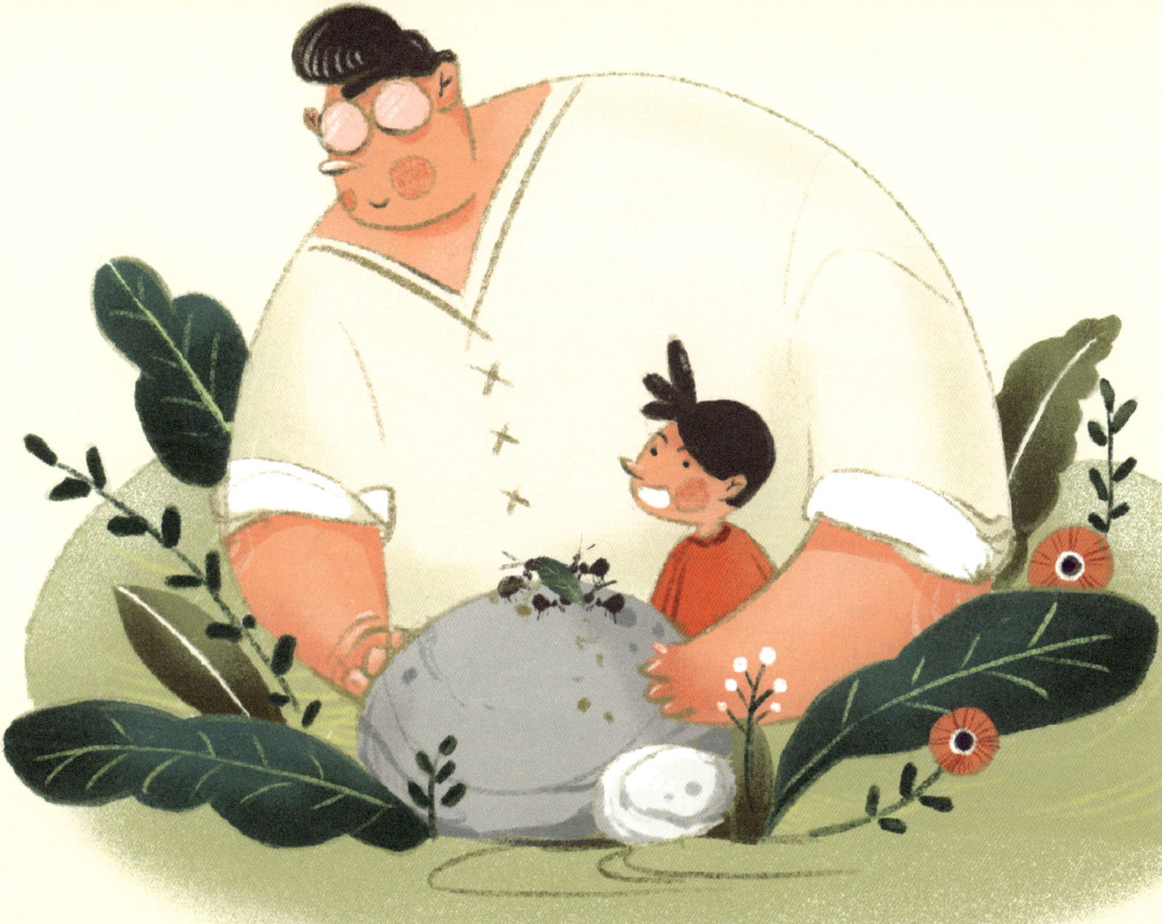

作为父母，我们都爱自己的孩子，所以想为其倾尽所有的爱。

积极的爱是充满善意的肢体语言或情感表现，例如拥抱、亲吻和倾听，

这表达了关爱和亲近，增强孩子的安全感和自身价值。

消极的爱，或称"溺爱"，是对孩子过度给予和帮助，不让孩子做实际上他们本能够且本应该做的事，

这削减了他们的自信心、责任心和自制力，剥夺了他们的独立性，使他们变得懒惰和自私。

往后的生活中，这将有损孩子的身心健康。

第一种爱是必要且有益的，而第二种爱是危险且有害的。

爱是用心感受，也需要用脑判断。

父母应该问的不是"我们能付出多少爱？"（爱不是问题所在），

而应该问"我们要付出怎样的爱？"（积极的爱还是消极的爱）。

这才是关键所在！

Love can build our children
or damage them. What it
does depends on us.

爱 可以成就孩子
也能毁掉孩子
成败取决于我们！

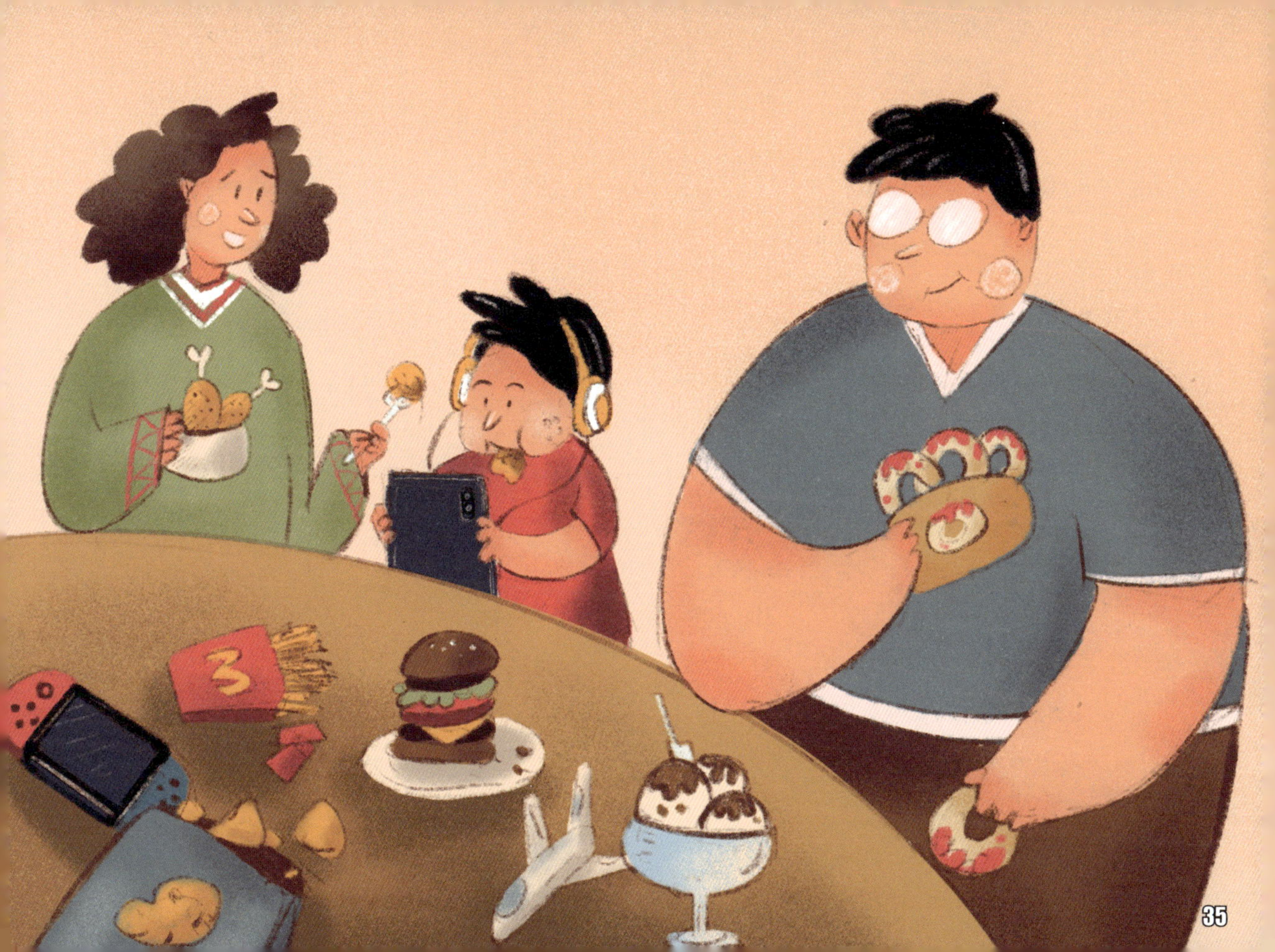
3

# 改变孩子最好的方式
## ——改变我们自己

The best way to change our children is changing ourselves.

我们不喜欢阅读，却想让孩子成为小书虫。
我们害怕和陌生人交谈，却责备孩子的羞怯。
我们在家里缺乏安全感，却不理解孩子为何在外不够自信。
如果只是一味改变孩子，而不愿从自身作出改变，
就等于想要通过吃药而不是通过健身来减肥——
短期的效果，长期的伤害。
就像镜子映照镜前人，孩子即为父母镜。
改善我们的举止，则改变镜中举止；
改变我们自己，则改变孩子！

 VS

学校是一场短跑
生活则是一场马拉松
我们参与两场,但无法两场全胜

100m

42.5km

School is a sprint, life is a marathon;
we can compete, but we can't win both.

我们参加百米冲刺比赛时，必须用速度打败其他选手。
我们参加 42.5 公里的马拉松时，必须用思维战胜我们自己。
在校内，我们与其他人竞争：就像一场短跑，在于能力的爆发——
短期内我们投入多少精力进行学习和练习，只为获得最高的分数。
但在生活中，我们与自己竞争：就像一场马拉松，在于能量的分配——
长期以来我们留多少精力给自己，以获得足够动力和毅力坚持到最后。
分数和高标准是学校衡量成功的指标，它基于外在技能；
毅力和适应能力预示着生活中的成功（和快乐），基于内在心态。
我们无法用百米冲刺的速度跑完马拉松，
同样地，我们也不能借学校里 100 位优秀学生来预测生活中优秀的人。
学校和生活是两场不同的竞赛：我们参与两场，却可能只赢一场！

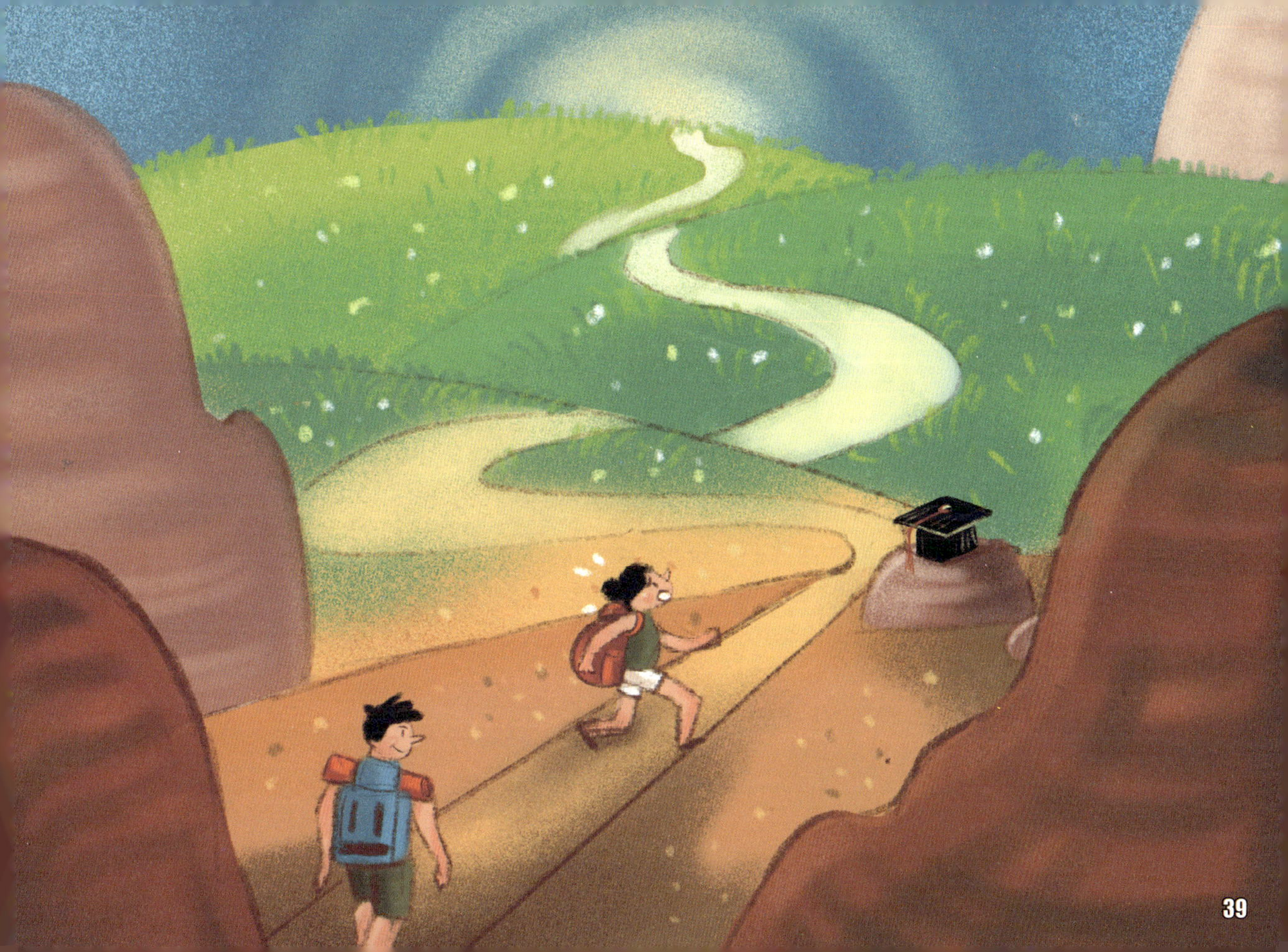

教育旨在培养
The purpose of education is to raise a Mensch.

"你对孩子的未来有什么期待？" "快乐，成功或富有。"
如果你问普通的父母，你就可能得到上述答案。
"做一个 Mensch！" 如果你问犹太父母，他们会这样回答。
成功或金钱本身能带来外在的舒适和快感，但无法带来内心平静和长久的幸福感。
正如维克多·E. 弗兰克尔所说：
"成功和财富均非最终目标，而是在追求比我们更伟大的目标时或帮助他人的过程中无意所得的附赠。"

"Mensch"在依地语中本意为"人类"，即 道德高尚的人

自谦，对自己负责，对他人诚实，有同理心，尊重和友好。
对犹太人来说，做有人格品质的人比做成功人士更重要。
因为他们相信财富或地位是一时的，价值观是长久的；
价值观帮助我们走得更稳，坚持得更久，生活更幸福。

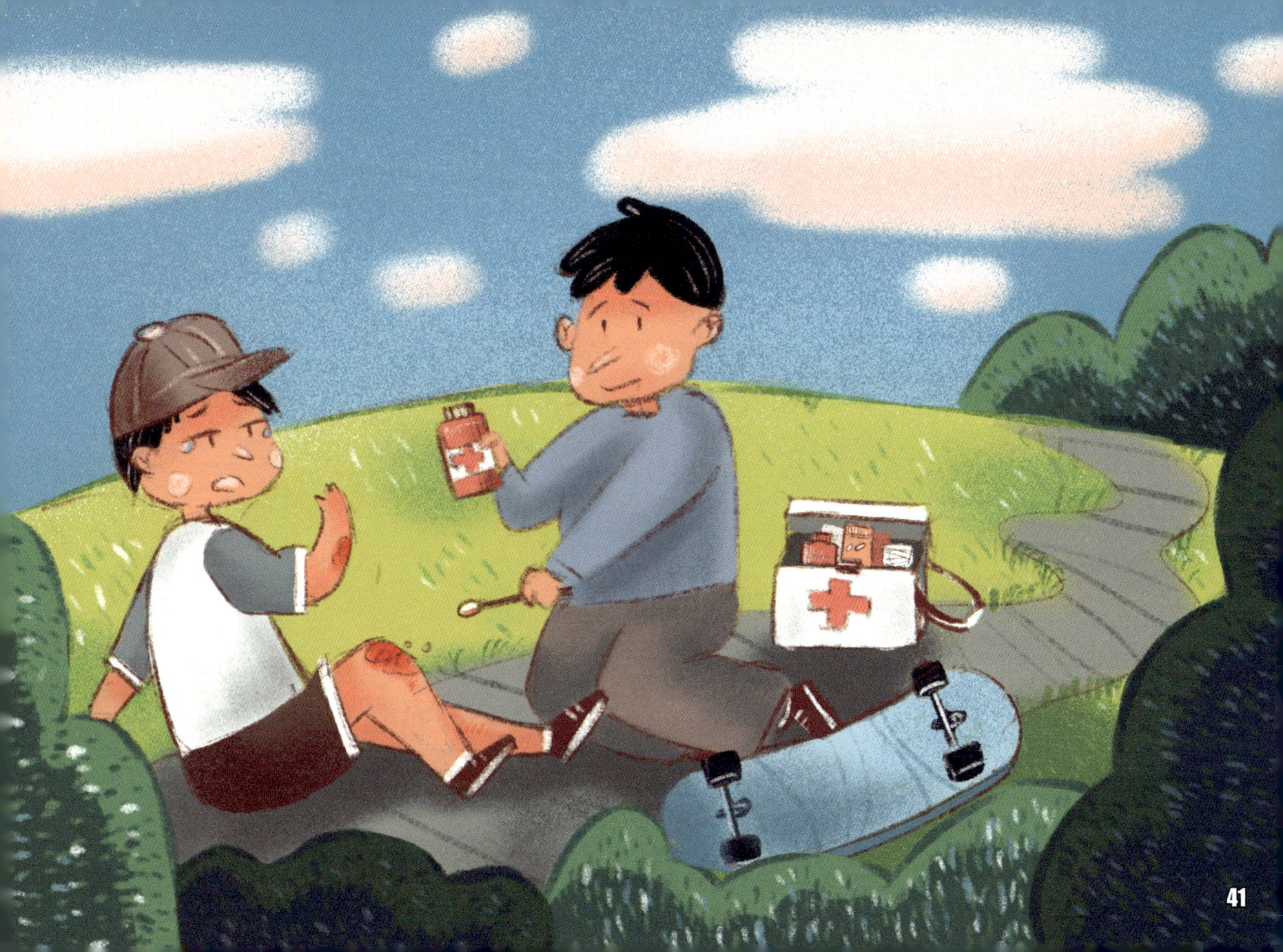

# 真爱是给予，
## 给予他人所需而非我们所想

True love is about giving not what we want, but what the other needs.

爱是给予——我们若爱，则愿付出。
大多数人愿意付出所有想付出的，
但很少人愿意付出他人真正需要的。
母亲愿意喂食孩子，但没有耐心倾听孩子的内在感受；
父亲愿意给孩子买新玩具，但没有时间陪孩子一起玩。
许多父母的给予，是站在自身而非孩子的角度，
选择对自己便利的方式给予。
他们所付出的是容易的，而非他人真正需要的！
但就像中国繁体字"爱"一样，真爱是给予：
用心才能真正给予——给予他人真正需要的，即使很难。

愛

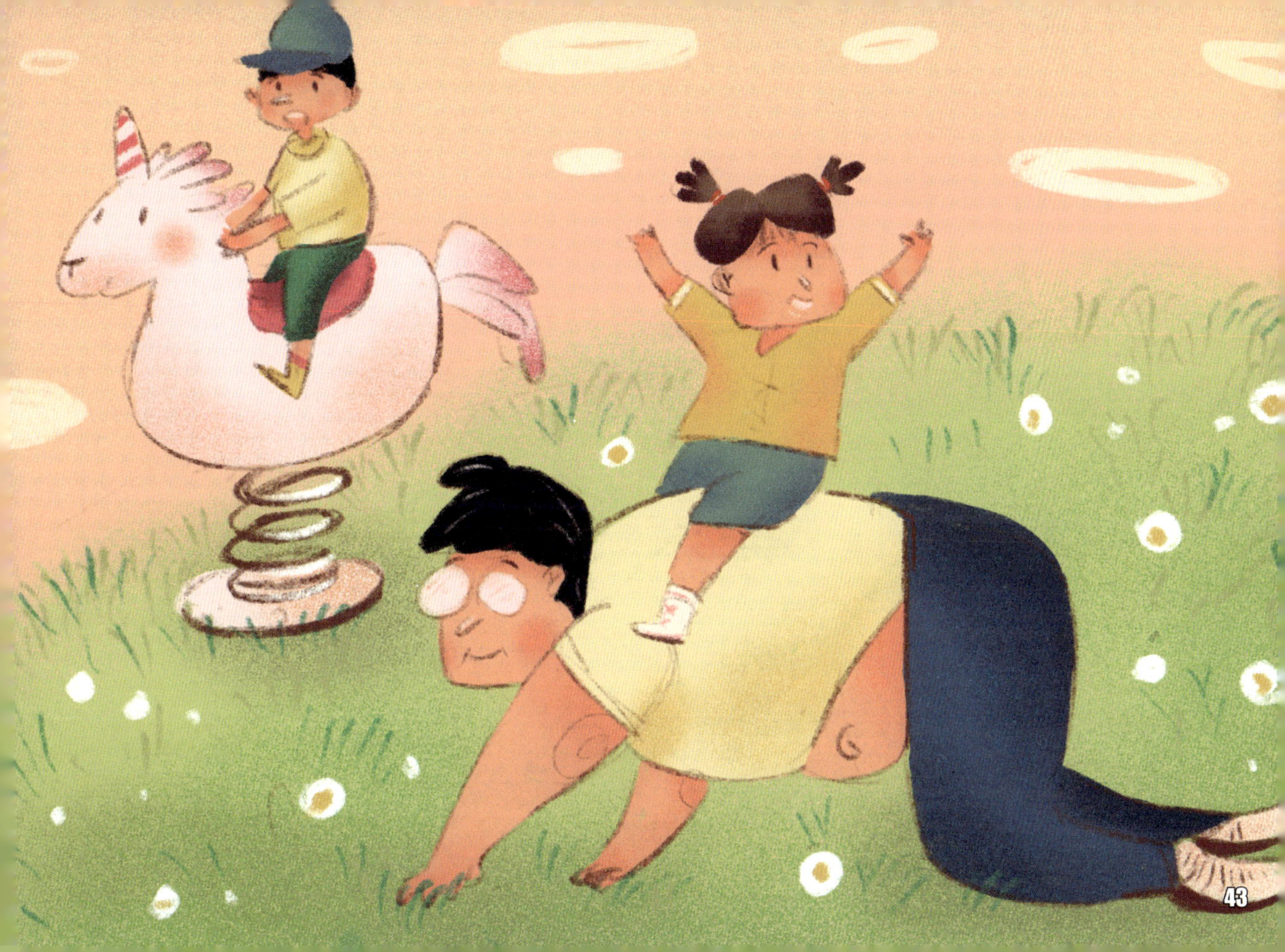

# 父母允许孩子越平凡 孩子则会越非凡

The more ordinary parents allow children to be,
the more extraordinary they will become.

绝大多数父母认为自己的孩子会优秀，
所以他们督促孩子要更努力、更勤奋；
他们想让孩子爬得更高，打败他人。
只有很少父母认为他们的孩子已经很优秀，
所以他们不断肯定孩子的现在，期许孩子的未来；他们想让孩子更好成长，打败自己。
前者基于社会来定义优秀——以金钱、名誉和地位为准，
而后者基于自身来定义优秀——以生活满足感、自我成就感和存在感为准。
相信"眼前孩子"而非"未来能力"的父母，就会让孩子做自己，探索自己，
而非苛求孩子成为他人，与他人竞争。
孩子得到许可，有时间做平凡的自己时，他们很容易、很自然就变得非凡；
实现自己的潜能，成为最好的自己。

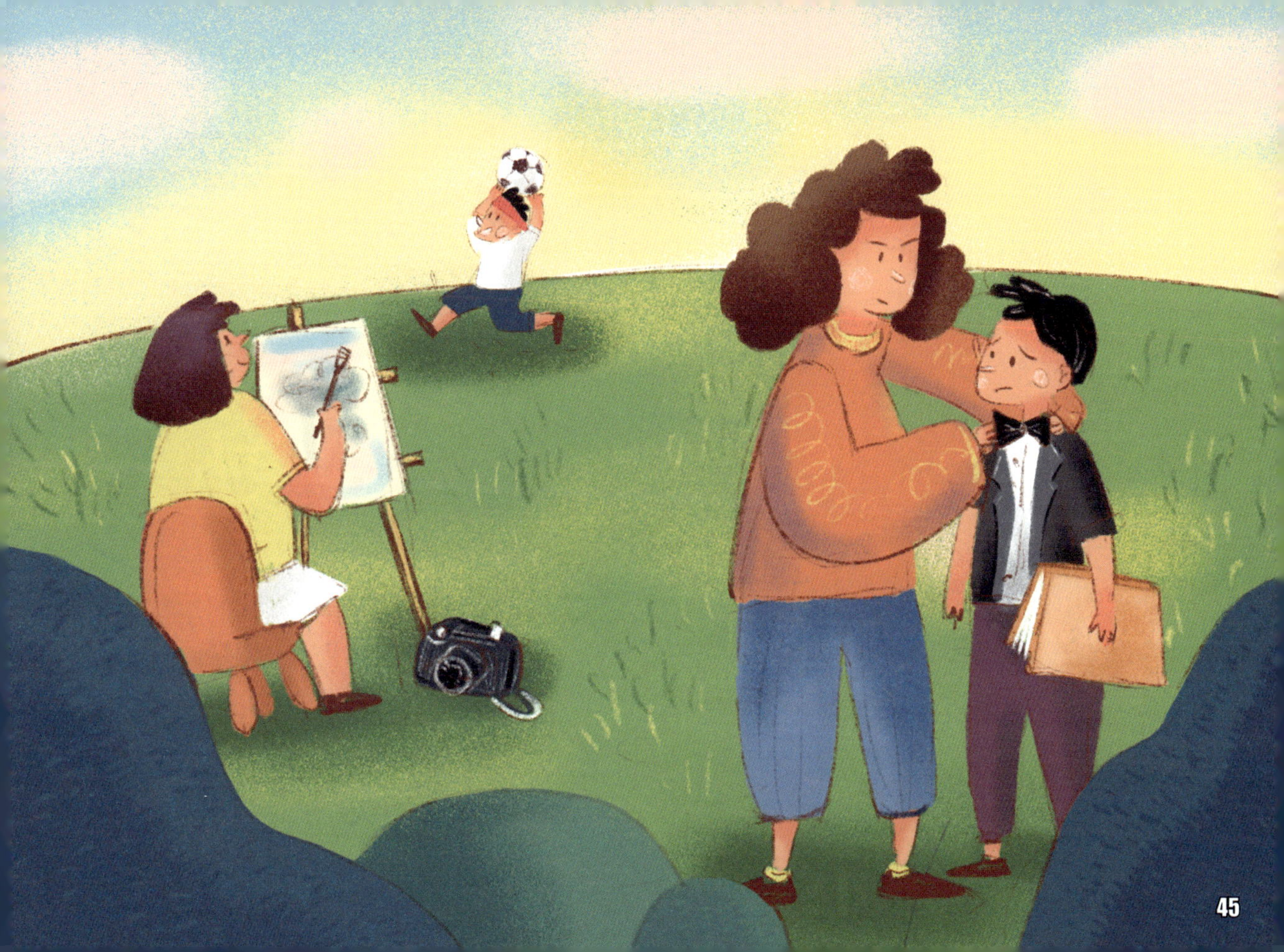

小时候，孩子本能地爱探索。
他们的好奇心、惊奇感、内在动力和好学之心
使他们不断成长，保持快乐和活力。
但长大后，好奇心和惊奇感失去，内在动力和好学之心消失，
孩子不再成长，"不再生活"，走向衰退。
正如社会更认同安排补习班而非允许自由玩耍，
在教室学理论知识而非在外探索实践知识，
我们牺牲"天然动力"换取"人工技能"。
"扼杀"这种动力的正是我们对技能和成就的痴迷而非对动力和学习的欣赏，
是专注结果而非过程的思维。
因此，一旦掌握技能而失去动力，孩子就像燃尽汽油的 986 马力法拉利——
理论上无懈可击，实际上无法移动！
技能让我们提升得更快，就像"人工动力"能维持短期加速一样，
但只有"天然"内在动力才能长期支持。
这正是"生活马拉松"所需的不同之处。

生活中
动力
胜于
技能

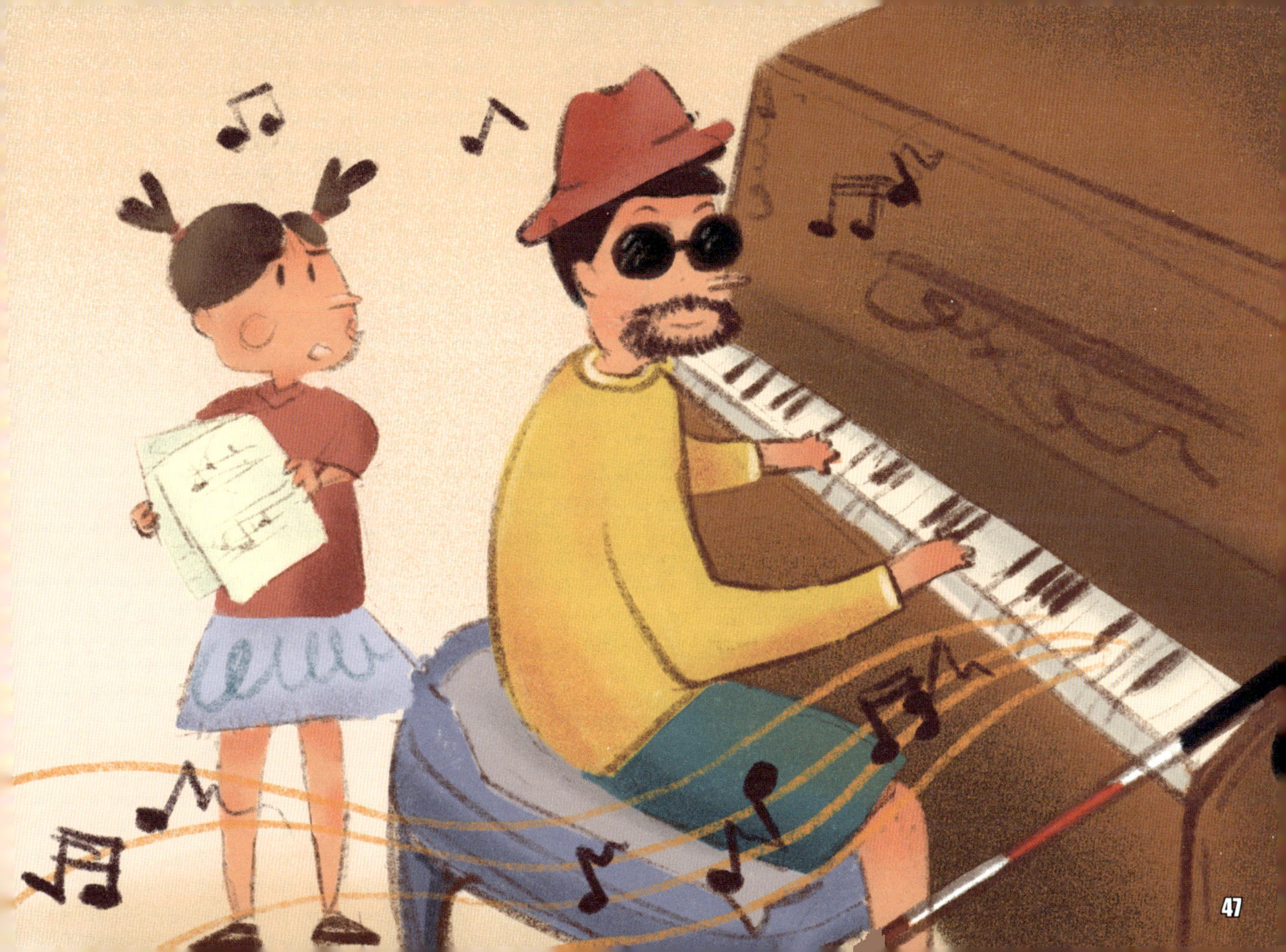

短暂
舒适 ——— 带来 ———→ 长期
痛苦

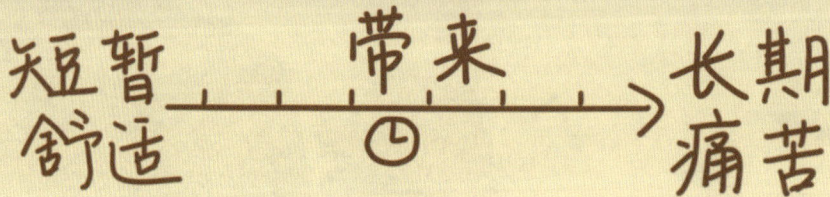

Short-term comfort provides long-term pain.

她想买冰淇淋，他不想打扫房间，她想要更多零花钱，他不想帮忙家务；孩子们提出要求，父母们作出决定。

当我们向孩子们的欲望投降时，没有争吵，没有愤怒，没有浪费精力；我们更加舒适，孩子更加幸福。

每个时刻，每种场合，我们都有两种选择：舒适的和不舒适的。

大多数时候，就是在舒适的选择和正确的选择之间做抉择。

前者很容易，为孩子提供短暂的愉悦，为我们提供短暂的轻松；

后者不容易，会为我们和孩子带来短暂的痛苦！

买冰淇淋比不买简单，给钱比不给钱容易。

从短期看，这种选择很舒适，对我们有益，但从长期看是痛苦的，对我们和孩子都有害。

舒适的反义词是不舒适，它需要克制、努力和不妥协，或者说，它需要延迟满足感的能力。

当我们迎合孩子所有想要和渴望的一切时，我们没有教他们延迟满足感，而是溺爱他们；

为他们提供短暂的舒适，却造成长期的巨大痛苦。

我们培养他们成为自私不负责、被动消极且懒惰的人，破坏他们的社交能力，损害他们的自身价值；

我们使孩子变得孤独且痛苦！

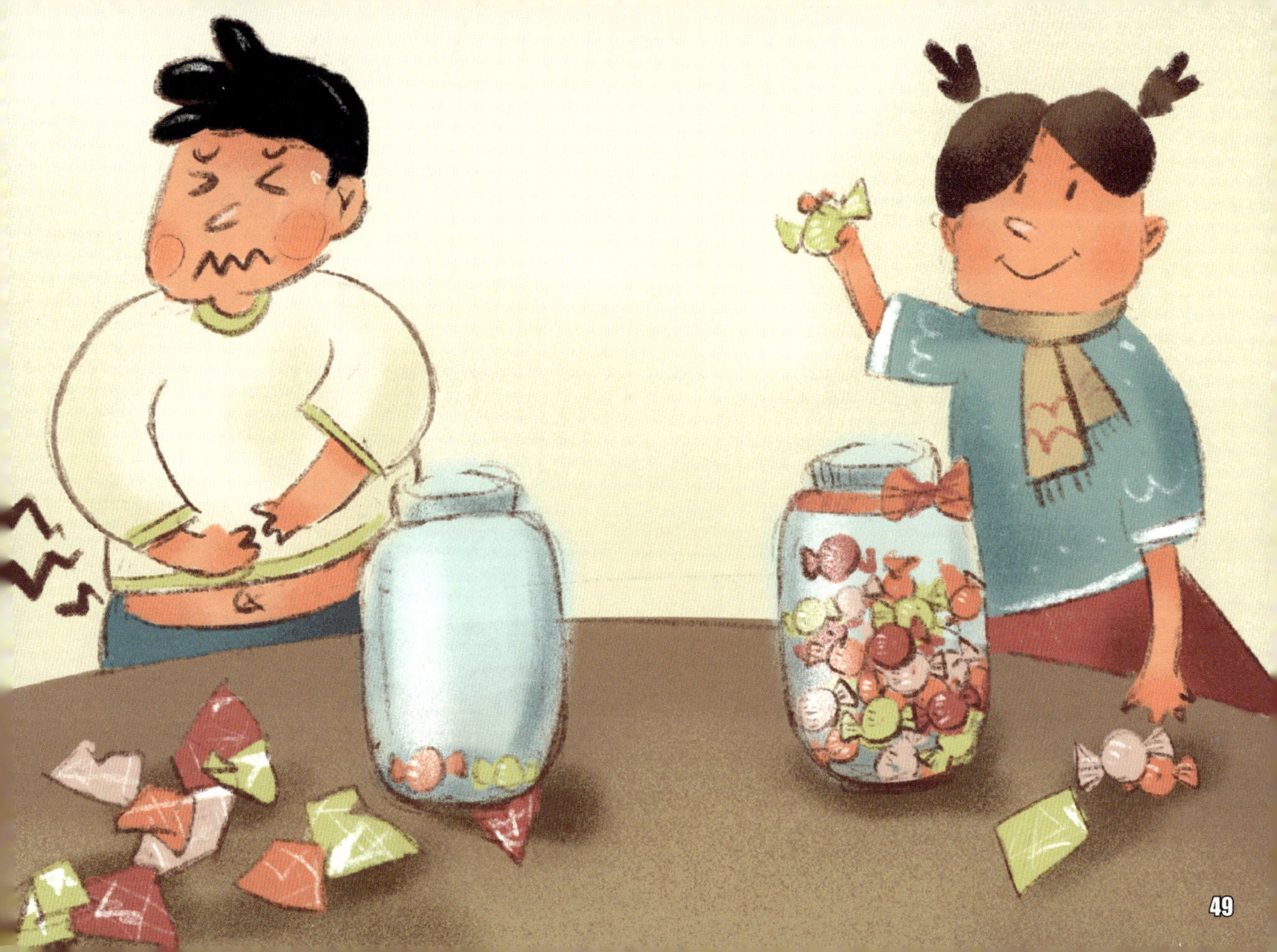

# 孩子所需要和渴望的最重要的食物是无形的

The most important food children need and crave for, can't be seen.

孩子需要喝水，吃东西——满足他们的生理需求；
孩子需要有地方睡觉，有衣可穿——满足他们的身体需求；
孩子需要温暖的爱和积极的话语——满足他们的心理需求。
大多数父母关心孩子的客观需求，但只有少数父母意识到孩子的主观感受——
需要无条件的爱、安全感、归属感、接纳、积极的肯定、赞扬、信任和尊重。
尽管身体需求是生存的基础，但心理健康是生活的前提。
没有"精神食粮"，我们的身体可能继续运转，但我们的心"无法存活"。
心若无爱，就像花无水分，没有"情感食粮"会导致缺乏安全感、平静和幸福，
慢慢地逐渐从内凋零、死亡。

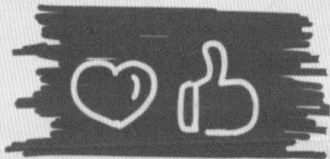

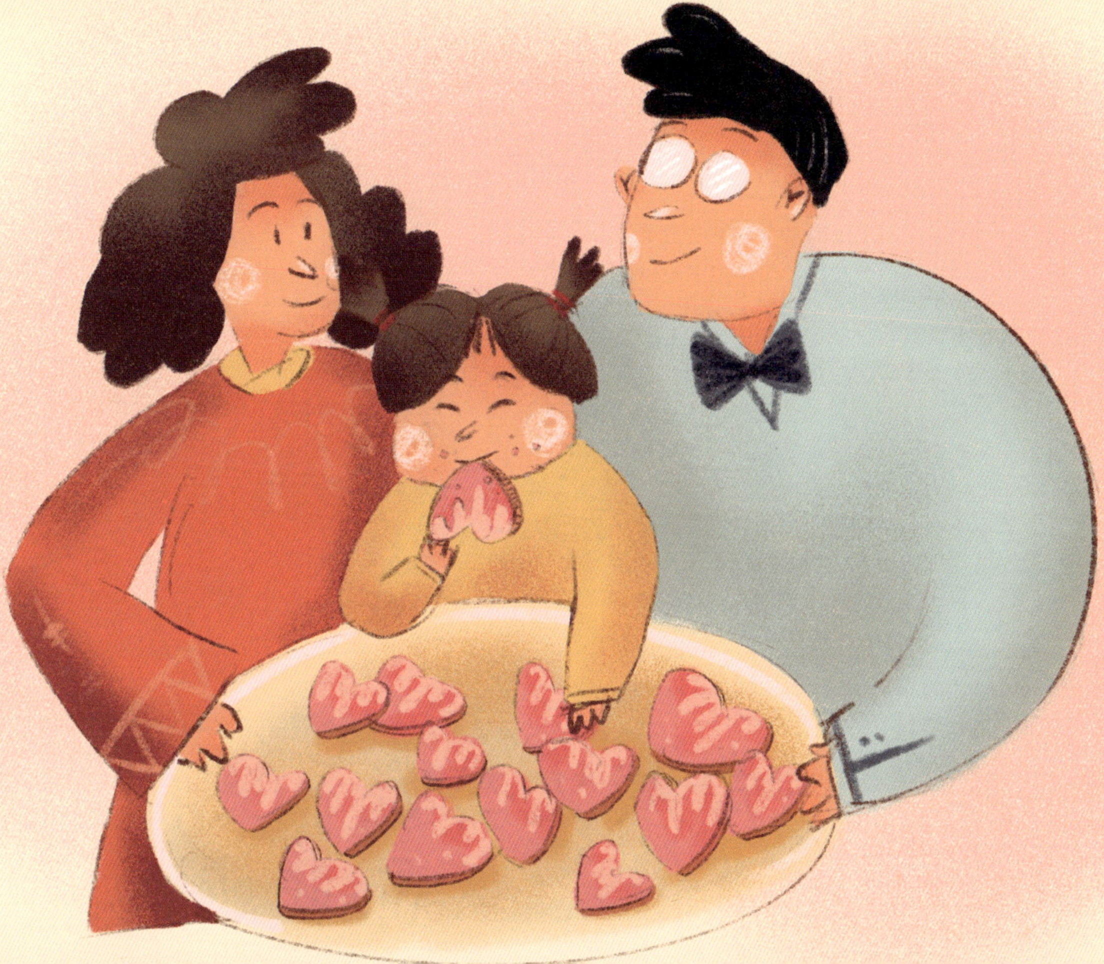

孩子打了他的弟弟，女孩对父母撒谎，男孩不想和他人玩耍，问题随着孩子的各种行为而产生。

一旦出现问题，我们就开始寻找对策：

大多数父母会看书、听课，问朋友或咨询专家——

他们寻找简单易行的方法，以快速地应对。

他们的思维集中于问题表面。

很少父母真正尝试观察孩子，琢磨问题，反思且自我检查——

寻找正确思维作为指导，以提供长期结果：这种思维专注于问题的根源。

找到问题根源花的时间要更长，但和快速修复表面问题不同——它的效力更长久！

因为孩子和成人一样，我们都是有情感和精神需求的人。

就像睡眠不足或饥饿会影响我们的行为一样，

缺乏关爱或过多压力与期望都会消极地影响孩子的行为。

成年人可以选择用语言表达情感，但孩子只能用行为"说出"他们的感受——

用外在的行为警示父母他们内心深处存在的根源问题。

Parenting is about digging into the roots,
not just looking onto the surface.

为人父母在于深挖根源
而非观察表面

因错过机会而 遗憾 比

Regretting a missed opportunity is more painful than the sadness felt about a failed outcome.

因尝试失败而 难过 更痛苦

不管是走路还是说话，爬行还是玩耍，面对新体验时，
年幼时孩子不会害怕尝试、探索、冒险和失败，但长大后的成年人可能会！
正是我们追求成长和进步的本性，促使并驱动孩子去探索，尝试自我实现，从而发挥他们独特的天赋。
然而，成年人对孩子所取得结果的要求，使孩子害怕让父母失望，害怕被批评，害怕失去无条件的爱，
并影响自己的归属感和自身价值，从而导致害怕失败。
孩子慢慢长大，停止尝试，停止探索，停止冒险——他们停止了生活！
随后，当他们忙于避免失败、保护自身价值时，时间流逝，生活远去。他们避免了失败，却错过了生活！
因此，有一天那些遗憾的感受就像回力镖一样，重重回击：
他们意识到自己过去浪费了时间，没有冒险，没有成就，没有体验和爱。
他们曾尝试避免失败，但却败给了生活！
作为父母，我们有责任避开这一点：
教会孩子要害怕，并且唯一害怕的是因为害怕失败的结果而不去尝试的遗憾，
遗憾比失败更痛苦。

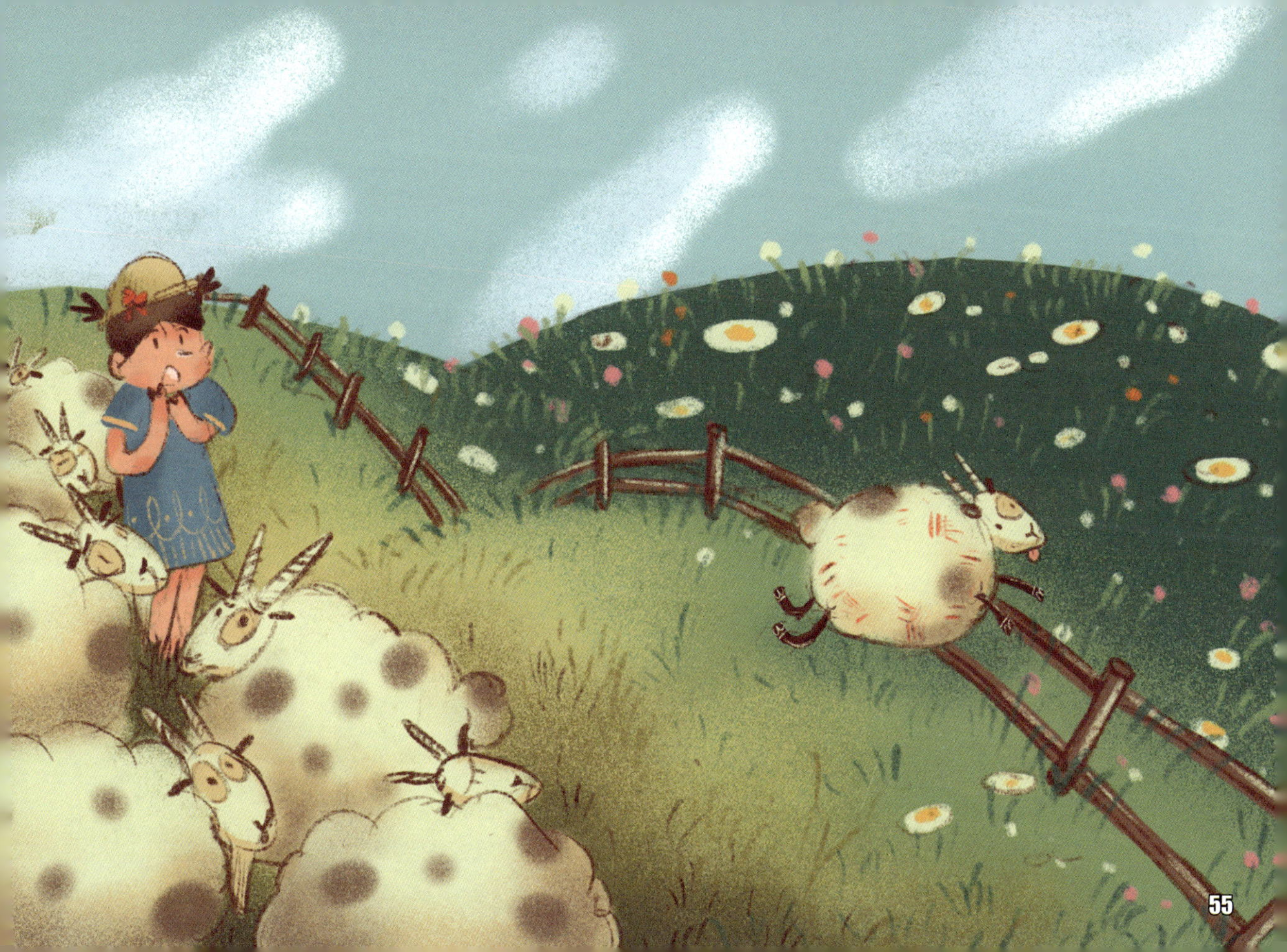

畏惧者无以学

Where there is fear, there can be no learning.

动力是学习的发动机；
它促使孩子尝试新事物，探索新环境，提各种问题。
动力使我们前进，害怕是学习的天敌；
它"扼杀动力"，使孩子失去精力、热情和兴趣；
害怕使我们倒退。
但是，有些老师仍相信学生需要惧怕，以变得优秀；
他们用惩罚做威胁，用期限做压力，用对比使学生向前。
适当的压力对孩子有利，但过多压力和恐惧对他们有害：
恐惧使我们的身体分泌出化学物质皮质醇和血管加压素，
从而让身体产生戒备：
关闭高级思考模式、大脑记忆和执行力——"扼杀"学习的动力！

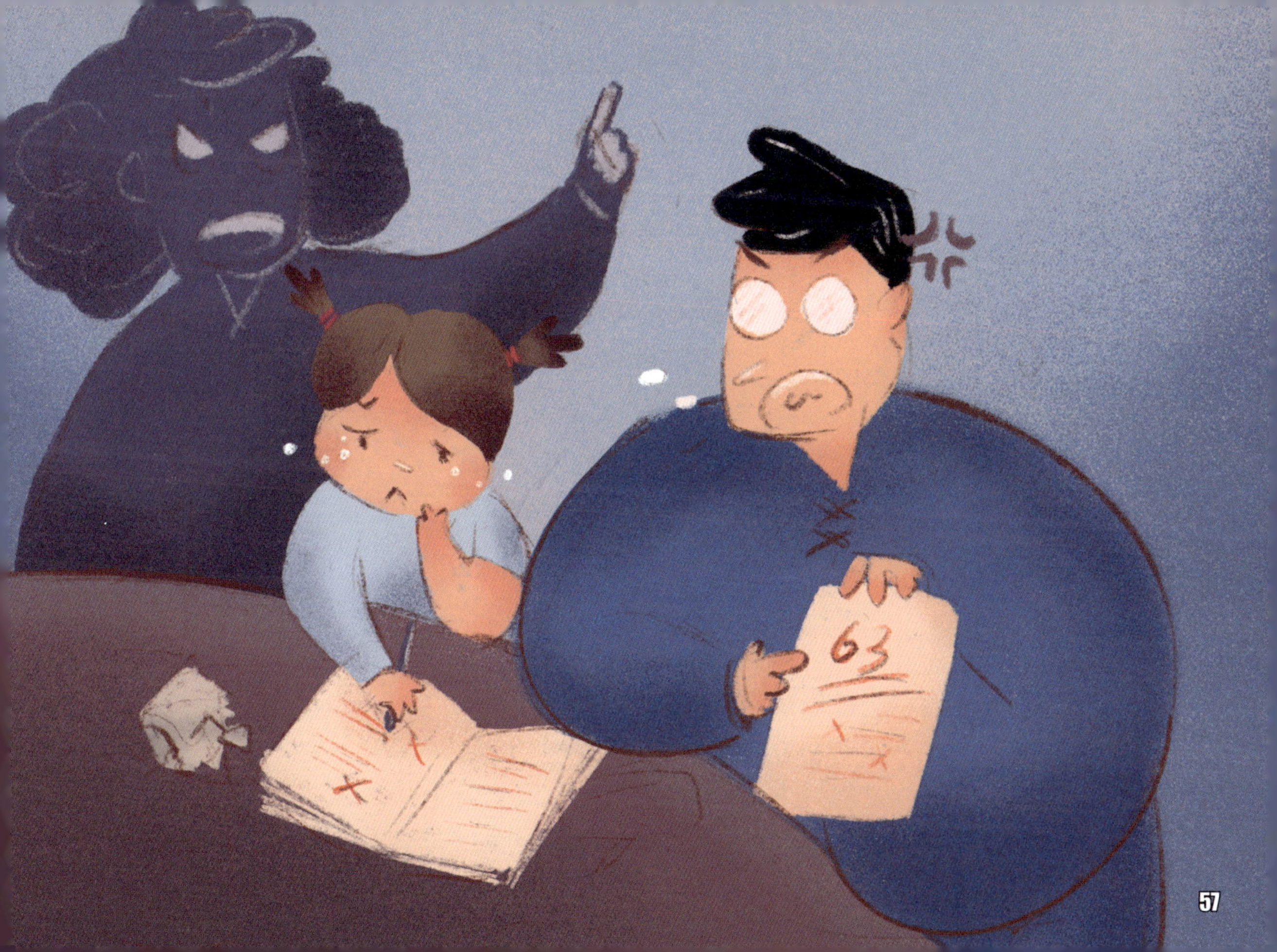
63

# "为了"还是"因为"　　"应该"还是"想要"

## 我们在家中学的"为什么"　影响我们在生活中体会到的"怎么做"

"For" or "Because", "Should" or "Want";
The "Why" we learn at home, influences the "How" we feel in life.

我们可以选择在小型创业公司或大企业上班，在 30 岁前或 30 岁后结婚，买奢侈品与否。
我们可以做自己所想，关键问题不是我们做什么，而是为什么做。
小时候，孩子选择做自己所想：因为他们喜欢做这件事，忠于自己——他们很幸福；
长大后，大多数成年人选择做应该做的：为了回报，他们不再忠于自己——他们不幸福。
前者以热情为动力，后者以回报为导向；
前者为他 / 她的所爱而激动，后者为他人的想法而担心；
前者的生活在于"做自己"，后者的生活在于"成为谁"。
积极的爱、尊重、信任和自由，或消极的批评、权威、怀疑和控制：
两个孩子，成长于不同家庭，接受不同的教育思想，会成为两个不同的成年人。
一个过着自己想要的生活，另一个过着他人所期待的生活，
相似的孩子，不一样的家庭教育思想，不同的人生。

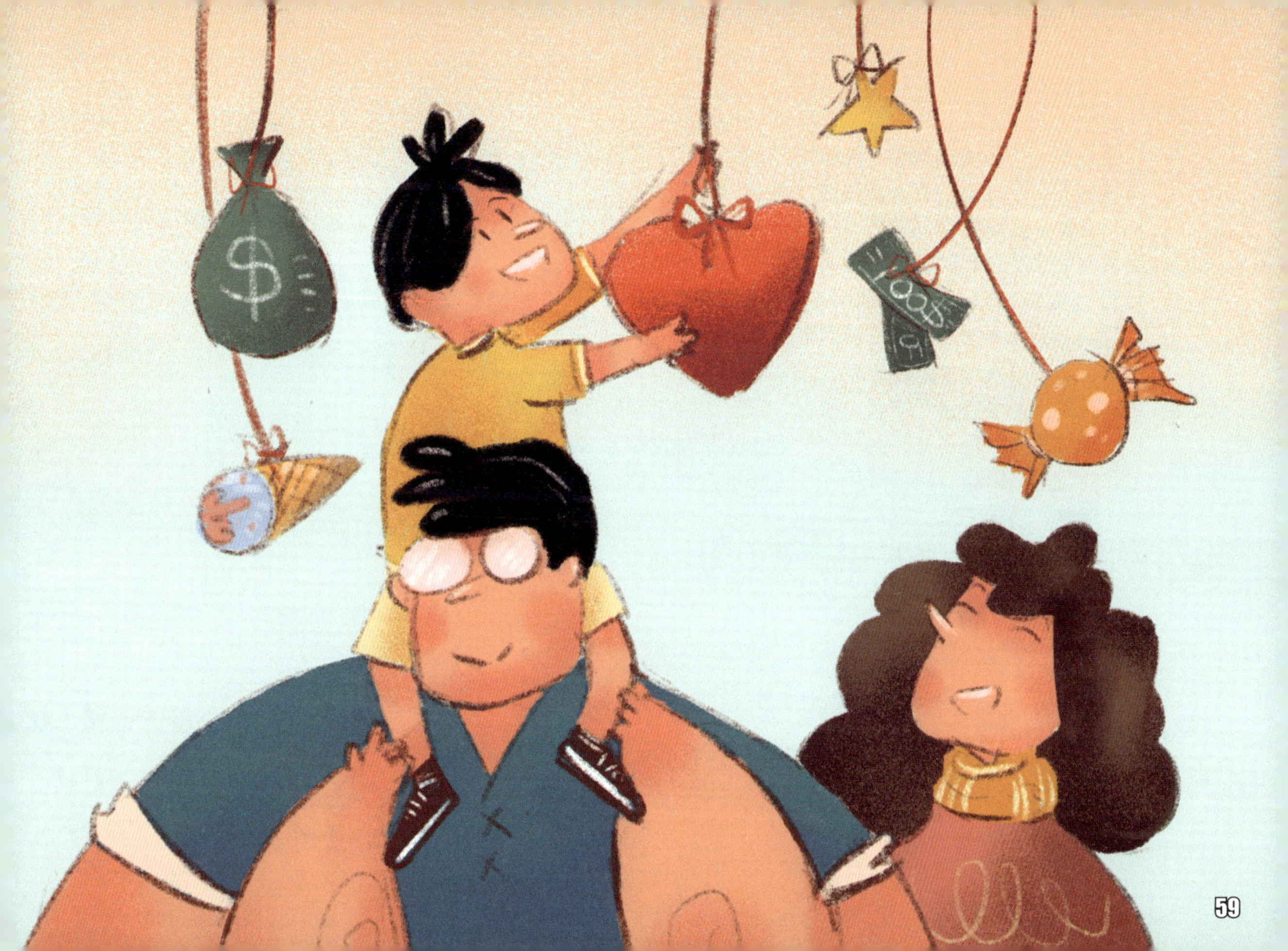
$
100$

史蒂夫·乔布斯或托马斯·爱迪生，比尔·盖茨或阿尔伯特·爱因斯坦，可以是犹太人或非犹太人，
生活在现在或过去，百万富翁或发明家，人各有不同，但原则相同：
我们越爱自己所做的，就表现得越好、越优秀！
因为我们享受过程时，就间接减少对结果的关注；
当我们减少对结果的关注时，就对过程更有耐心；
当我们对过程更有耐心时，就对过程增加投入；
当我们对过程增加投入时，就间接从结果中获得更多！
因此犹太人能获得诺贝尔奖，赚钱，获得享誉全球的成就；
起点是"因为"而不是"为了"，目标是享受过程而非专注结果。
名誉、地位或财富不应该成为我们追求的直接目标，
而应该是在追求充满意义的目的时，所获得的间接结果！
因此犹太父母让孩子自由探索，走自己的路，而不是替代他们完成和决定——
因为喜欢而成功，这是犹太人成功的秘诀所在！

The more we enjoy the process,
the more successful we become.

越成功

我们越享受过程

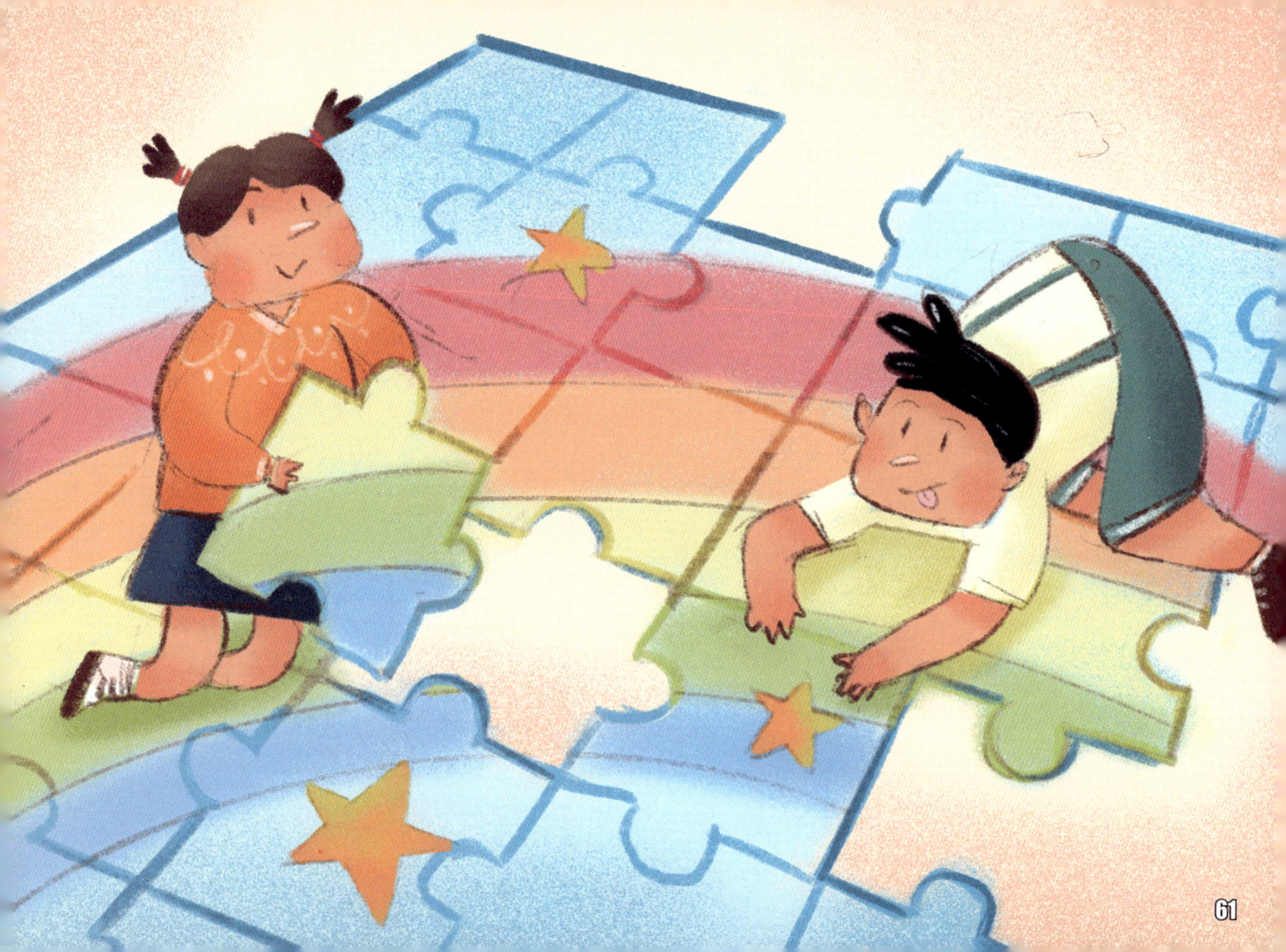

# 学习不是工具🔧 钱不是目标◎
## 钱是工具而学习是最终目标

Learning is not a tool and money is not the goal. Rather, money is a tool and learning is the final goal.

"如果你不学习，就不能考上好大学；考不上好大学，就找不到好工作；没有好工作，你怎么赚钱？"

这是我们听到的、相信的，是围绕在我们身边主流的思想：学习是媒介，赚钱是最终目标。

正因如此，我们重视孩子的学习数量多于学习质量，重视速度多于距离，重视理论多于生活经验；

牺牲孩子最珍贵的财富——想象力、创造力、好奇心和内在动力，换取赚更多的钱这一未来目标。

然后有一天，当我们真的挣到很多钱时，

"我们醒过来"，发现从理论上说，我们达到了目标，拥有了所追求的，

但事实上没有得到自己想要的——幸福。

我们对生活很迷茫，缺少某种东西，缺乏动力和激情，我们内心感到无聊，拥挤又空虚；

我们缺乏成长，缺乏目标，缺乏学习。

钱是帮助我们生存的媒介，它提供追求幸福的条件，但并不提供幸福。

幸福来自学习：学习在于成长，而成长带来幸福。

就像一株停止生长的植物，最终会凋零，停止学习的人也会衰亡。

所以爱因斯坦说："智力发展应始于出生，终于死亡。"

## 学习使我们活着！

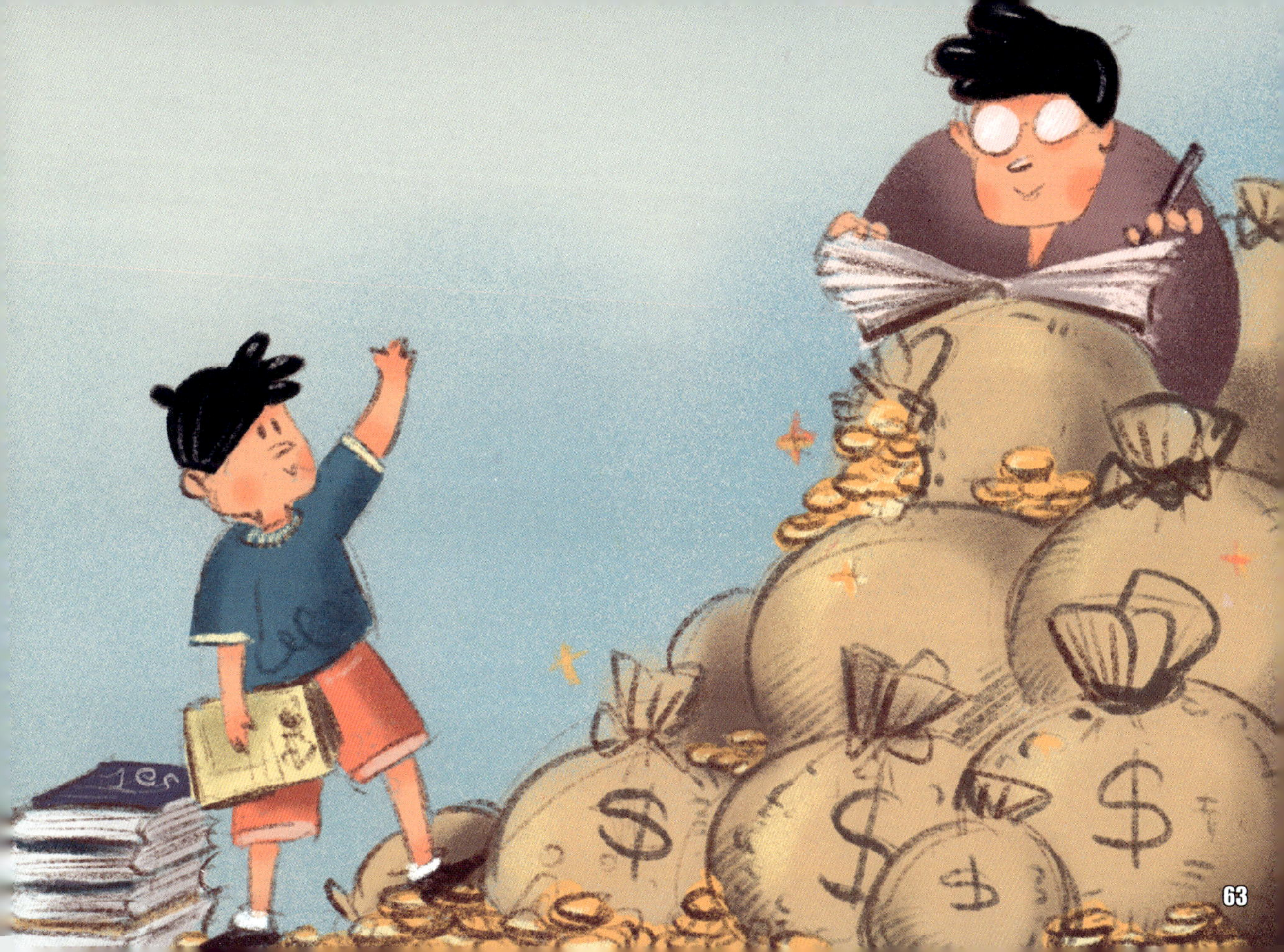

当带领团队完成新项目或试着解决办公室突发事件时，我们可以用权威命令他们，

或者询问他们，倾听他们并与他们讨论问题——

好的领导者就是这样提高员工参与度，带来更好的长期效果。

当辅导我们的孩子写作业，或试着解决家中一个突发事件时，我们可以用惩罚（或"贿赂"）来强迫他们，

或者询问他们，倾听他们并和他们一起商量——

好的父母就是这样提高孩子的参与度，带来更好的长期效果。

引导我们的孩子，就像带领员工一样，都基于同样的信任、平等和互相尊重的原则。

当我们尝试与孩子交谈而不是对他讲话，可能短期内需要更多努力和耐心，

但从长期来看，最终会回报给我们更多参与度和更好的效果——

孩子会听从我们，并不是因为他们不得不听从，而是想要听从；

不是因为害怕我们，而是因为相信我们。

我们所需要的就是多一点自我把控和耐心，少一点自我。

难道这一切不值得吗？

Instead of speaking to your child,
try speaking with him.

尝试与孩子交谈

而非对他讲话

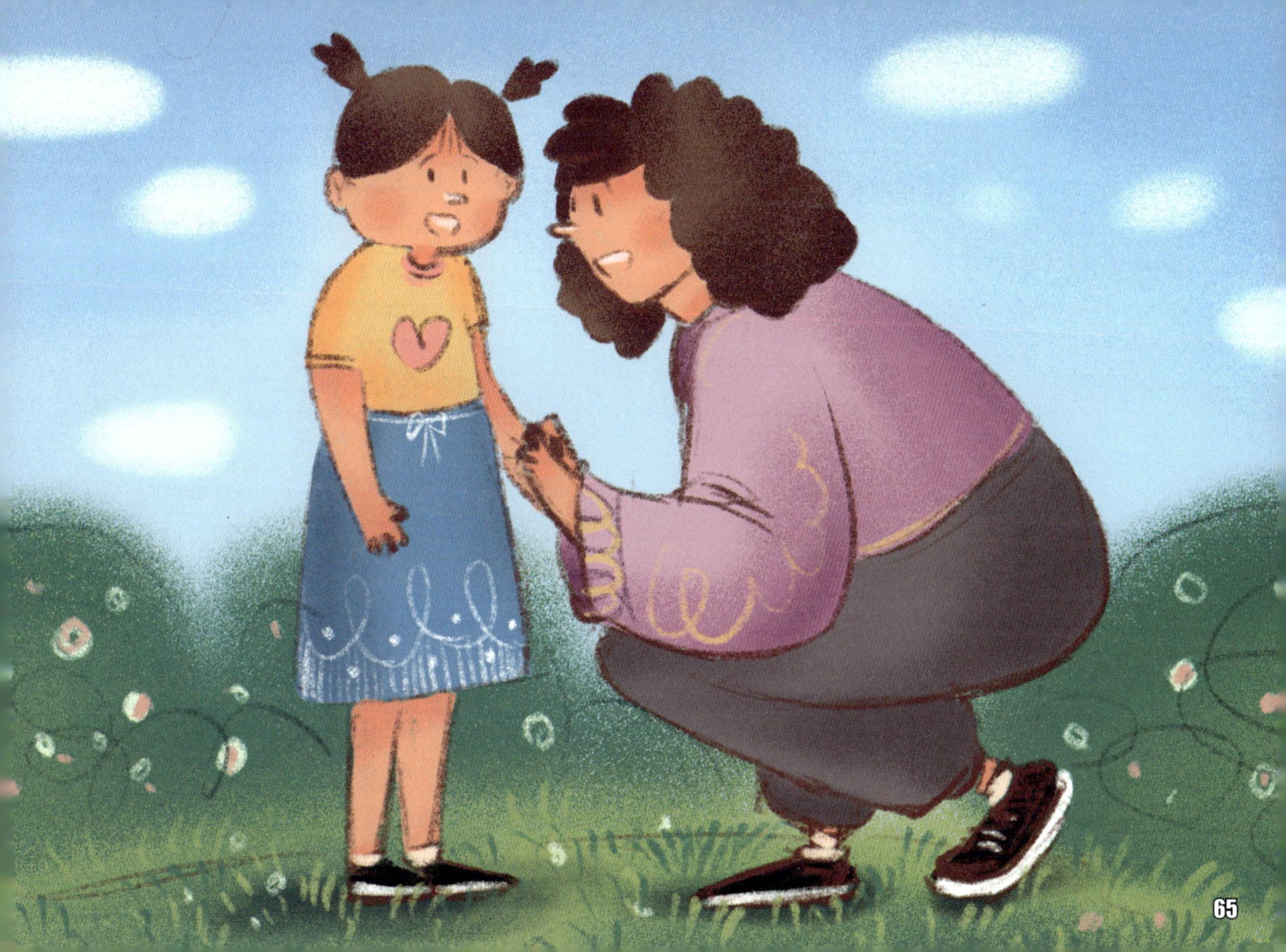

# 教我们的老师很多
# 真正影响我们的老师很少

Many teachers teach us, yet only a few truly influence us.

从小学到大学，从数学课到英语课，
贯穿不同的年龄阶段，在不同的地方，
我们遇到过很多老师，但我们真正记得的老师很少（即使有的话）。
那么，是什么让这一小部分老师令人难忘？他们做了什么如此鼓舞人心？
教学在于逻辑和理论，但影响在于情感和经历。
教学由大脑客观完成，但影响由内心主观实现，
不在于我们做了什么，而在于我们感受到什么。
大多数老师从外在对我们教学，但很少老师真正从内在影响我们。
为人父母就像教学，环境可能改变，但核心原则不变：
没有热爱、相信和由内向外的激情，我们永远无法真正地去影响，
更不用说鼓舞我们的孩子相信自己。

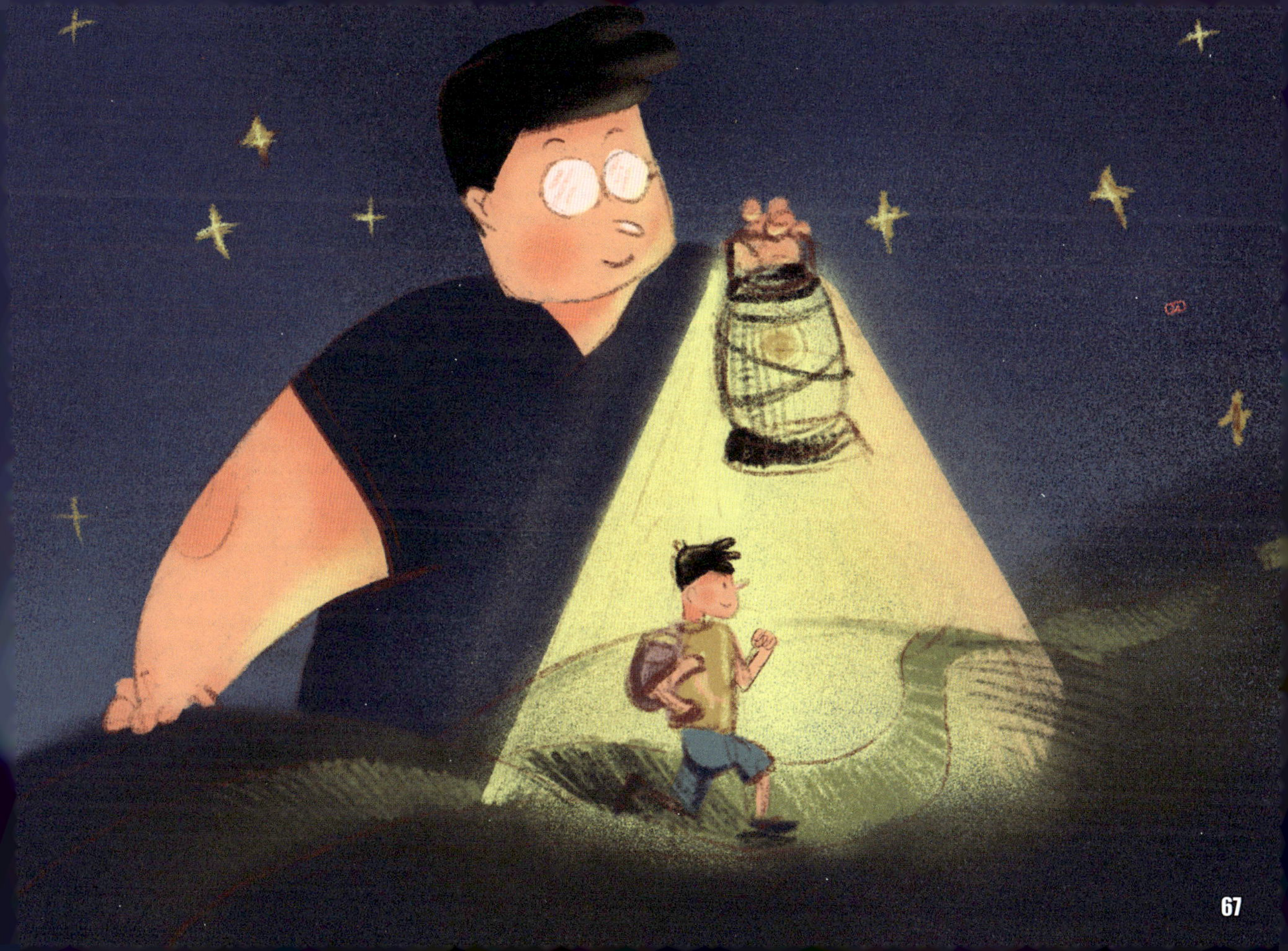

# 获得成功需要勤奋和天赋
## 变得优秀需要真实 和能力

To become successful we need hard work and talent,
to become outstanding we need authenticity and skills.

"你的天赋是你最大的风险。如果你依赖它，肯定会受伤！"
在孩童时期，我父亲一直告诫我，提醒我努力是"成功公式"中的重要成分。
因此，许多父母一直促使并施压让孩子更勤奋，投入更多的时间和精力，更用功：
他们希望这样孩子能掌握更多的技能，变得更优秀。
但就像天赋没有勤奋就没有价值一样，技能永远无法替代真实，
换句话说，真实是了解并忠于自己的能力，
不是提高自己的一种选择，而是成为最好的自己的必要条件。
高情商基于自我意识，高度自我意识是真实的基础；因此，真实就是情商的另一面。
一方面，它能帮助我们与他人更好地交流和相处；另一方面，它能帮助我们更好地与自己交流和相处。
前者关于成功，后者关于幸福。
技能使我们表现得更好，但只有真实才让我们感觉更好。
只有我们内在感受变好，外在表现才变得更好！

69

Teach children how to find opportunities within the problems, rather than problems in every opportunity.

# 教孩子如何从问题中 找机会
## 而非从机会中挑问题

当老师让我们的孩子负责一个新任务时，我们可以担心孩子从未做过，
也可以将其视作学习新事物的成长机会。
当我们的孩子考试不及格时，我们可以将其视作孩子没有天赋的证据，
也可以是表现我们对孩子真正有信心的机会。
当我们的孩子想和我们分享他的故事时，我们可以没有耐心倾听，感到恼怒，
也可以因为孩子仍愿意和我们交流而感到幸福。
外在世界静止且客观，但我们的内心世界活跃且主观。
它是怎样的呢？是消极和绝望，还是积极和希望？它是阻碍我们的问题，还是帮助我们的机会？
一切由我们的思维自由地选择如何反应。
我们行动的动力来自内在的情绪：当我们改变自己对待问题的心态，情绪随之改变；
当我们改变自己的情绪，内心世界也改变了；当我们改变自己的内心世界，周围世界就改变了。
父母变，则孩子变。
改变思维可以改变我们作为父母的行为和孩子的生活：
创造新的体验，带来新的机会，使孩子更健康、幸福和成功！

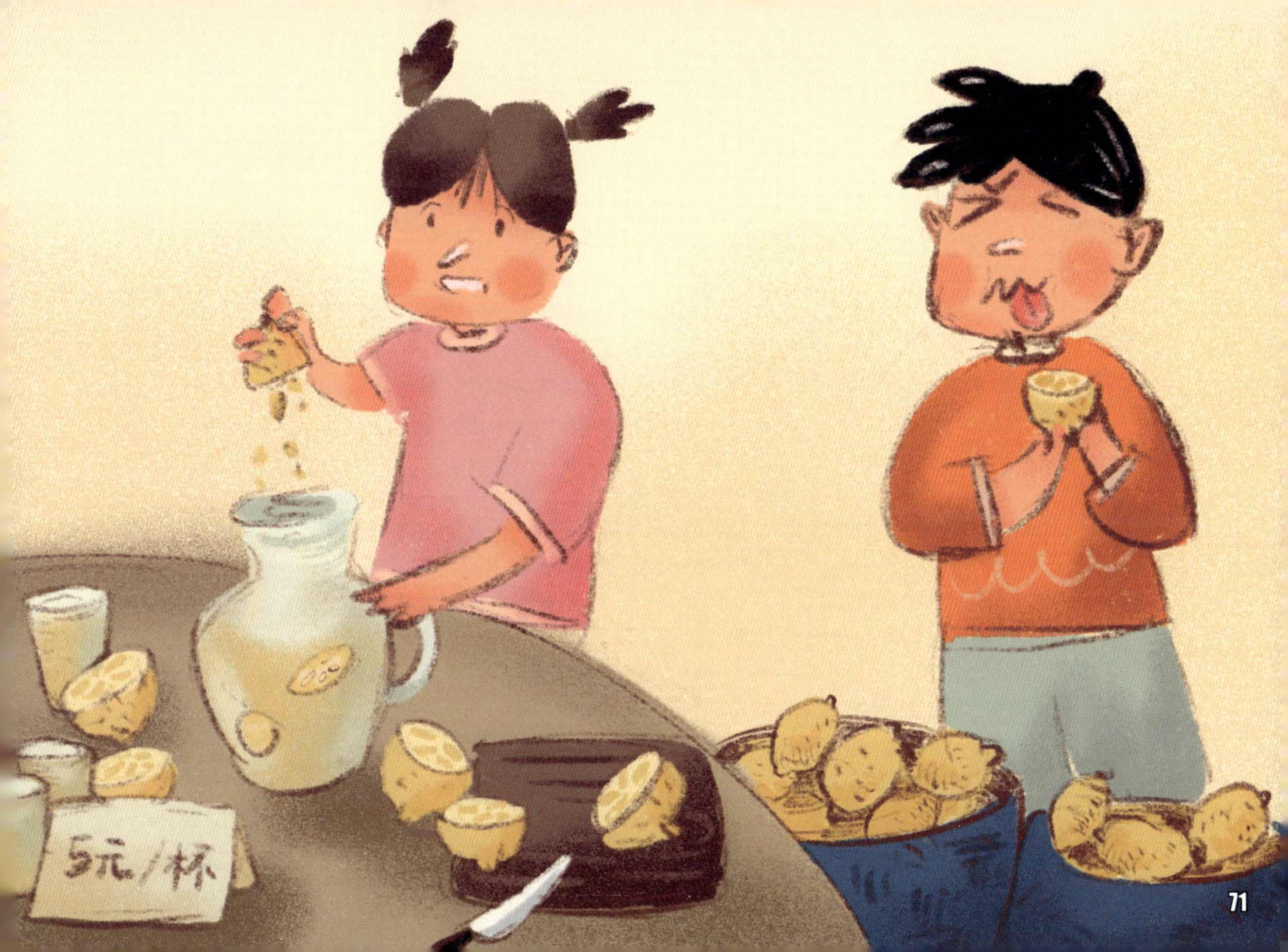
5元/杯

# 孩子需要真实而非完美的 父母

Children need genuine parents, not perfect parents.

从工作中的老板到政府的首相，从课堂上的老师到家中的父母，
不同的人有不同的任务，但经常有相同的固定思维——追求完美！
我们认为：为了更好地带领别人，我们必须比别人好。
不幸的是，我们经常混淆"更好"和"完美"；前者基于思维和经验，后者通过技能和知识而求得。
因此我们认为，如果我们无所不知、不出错，我们是完美的：完美的老板，完美的老师，完美的父母。
从理论上讲，这一点可成立，但现实中什么是完美的父母呢？
是能回答孩子所有的问题还是能够告诉孩子"我不知道"的父母？
是永不出错还是在出错时向孩子承认错误的父母？是向孩子展示自己优点还是展示弱点的父母？
绝大多数"完美"的父母会选择前者，但真实的父母会选择后者。
因为他们明白大多数父母所不明白的道理：好的父母永远无法成为完美的父母，因为完美并不存在！
真正完美的父母是忠于自己，而不是假扮他人。
这种教育思维需要允许自己有所不知，拥抱改变，愿意倾听且承认弱点，是把感叹号变成问号。
做真实的父母才使我们成为真正完美的家长——
因为这是最直接的方式来告诉孩子——"你的父母足够自信向你展示他们的不完美"，
从而使你在孩子眼中变得真正的完美！

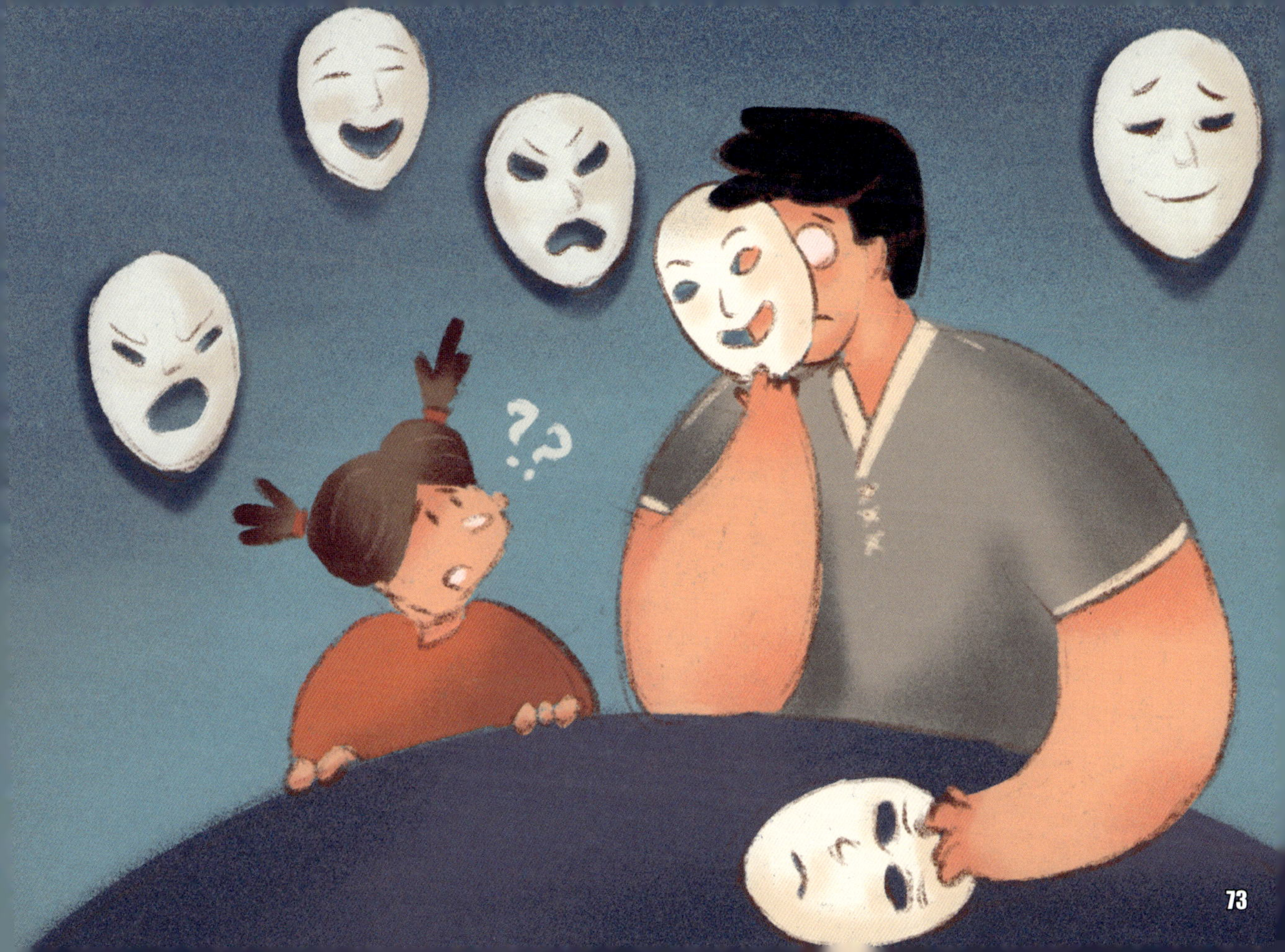

# 小孩子是父母 自我探索 的一面镜子

Children serve as a mirror for their parents' "self–discovery".

当我们的孩子不想和别人玩耍时，我们感到生气，因为觉得他太害羞。

当我们的孩子拿了低分时，我们发脾气，因为觉得他会落后。

当我们的孩子太贪玩时，我们对他不学习感到烦恼，因为我们觉得他太懒惰。

理论上说，我们认为问题在于孩子。但事实上，我们不明白问题在于我们！

我们观察孩子，想擦去他们身上的斑点，却不明白那些斑点其实在我们的眼镜上：

孩子的问题使我们意识到自己的问题，我们童年受到的伤害！

可能是害羞、懒惰或其他表现，问题不在于什么使我们生气，而在于为什么我们会有这些感受。

是因为我们的父母经常批评我们太害羞吗？或是在我们拿了低分时对我们不理不睬？

是否孩子的表现使我们想起我们童年经历过的同样的羞愧感、孤独、不安全和不舒服感？

对大多数人来说，为人父母只是待完成的任务，但其实它能够且应该成为我们成长的工具：

将孩子看作明镜，帮助我们更了解自己、改变自己，从而成为更好的自己。

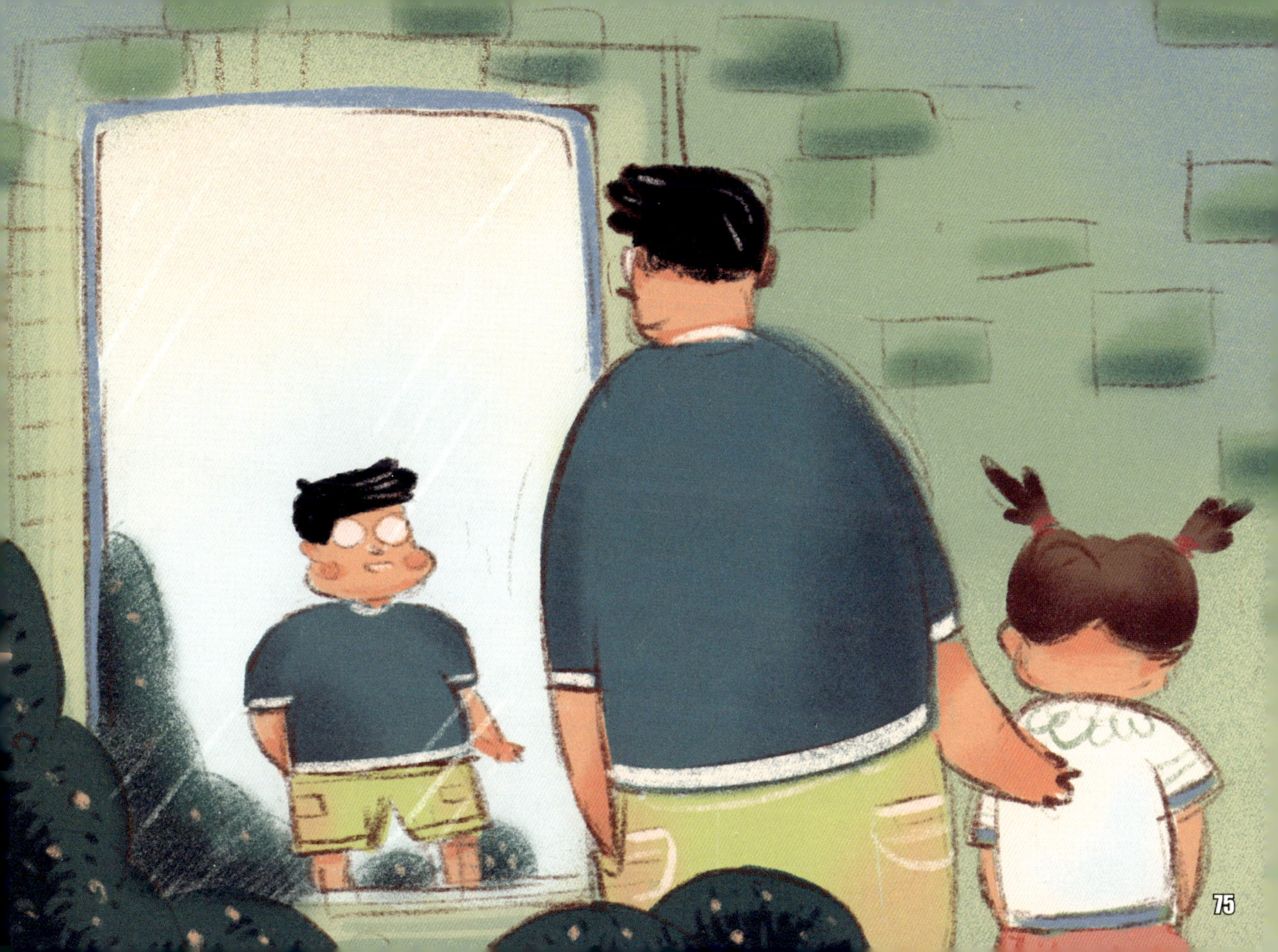

# 规则束缚孩子
## 原则塑造孩子

Regulation constrains our children; principles build them.

从阅读到饮食习惯，从英语学习到尊重他人，
可能关乎我们应该学什么，如何言行，
不同的父母对孩子有不同的要求。
核心问题不在于我们要求什么，而在于我们为什么这么做，这是规则还是原则？
如果阅读是出于学校要求且其他父母都这么做，这是规则，
因为其他人这么做，我们也要求孩子跟从——这是由外向内的。
而如果阅读是因为父母喜欢读书且认为阅读可以优化生活，这是原则，
因为我们这么做，我们要求孩子跟从——这是由内向外的。
从孩子内在的心理健康和自身价值，到他们外在的自信、自律和创新能力，
前者和后者的比率，使普通孩子（可能在学校很成功）和优秀孩子（在生活中成功）两者有所不同——
规则泯灭天赋，原则强化天赋！

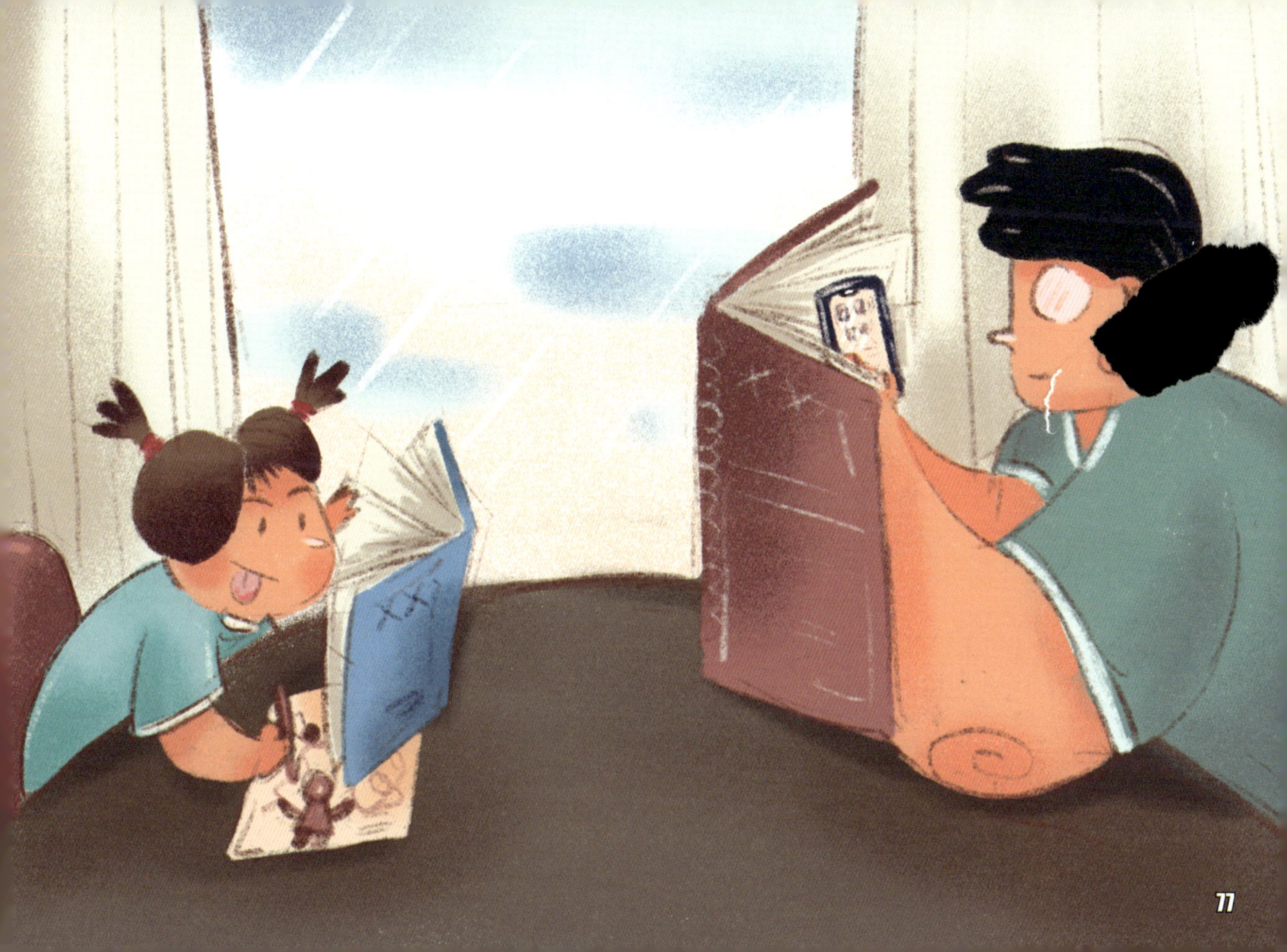

# 教孩子如何用钱
# 比如何赚钱更重要

Teaching your children how to use money is more important than
teaching them how to earn money.

大多数父母想教孩子如何挣钱，
但只有少数父母教孩子如何用钱。
要赚钱，我们需要对的技能和知识，把孩子送进好学校和许多补习班——
这能帮助孩子提高未来收入。
要管理钱，我们需要对的思维和价值观，为孩子提供好的家庭和许多积极例子——
这能帮助孩子增加未来财富。
罗伯特·T.清崎说"积累财富第一步就是花的比挣的少"，
告诉我们富有不一定是盈利性的！
当我们教孩子如何善用金钱，而非仅仅花钱时，
当我们关注培养谦虚且心怀感恩的孩子而非只是成功的学生时，
当我们培育他们的思维而非仅仅技能时，
我们就间接地教育、训练他们的思维，
去创造更持久的财富而非创造快速回报的短期收入！

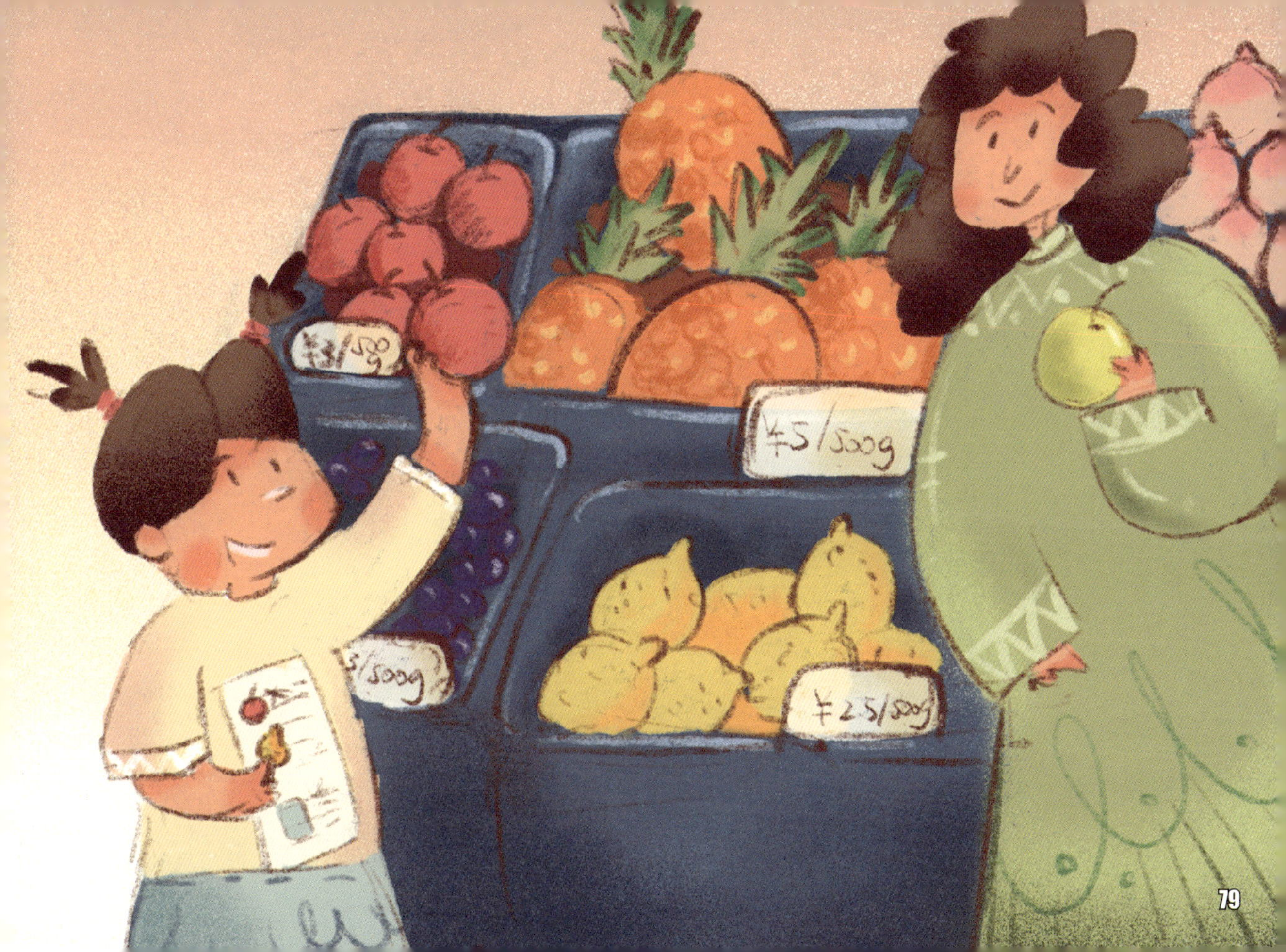
¥5/500g
¥25/500g

# 现代父母需要创业者的思维而非管理技能

Modern parents need an entrepreneurial mindset, not managerial skills.

过去是确定的、已知的，但未来不是，它充满不确定性，这是它唯一确定的地方。
我们如何帮助孩子准备好跳入这个"挑战的海洋"，更好适应未知的未来？

这是"创业者类型父母"所做的，而非"管理型父母"所做的！

管理者思维集中在运作——提供解决方案，完成任务；
创业者思维集中在创新——创造解决方案，做正确的事；
前者在于管理技能，后者在于掌握思维。
创业者批判地思考，独立地行动，他们喜欢探索新方法，而非遵循旧框架；
他们知道如何处理压力，而非受压力控制。
他们喜欢问问题，进行反思，而非仅仅寻找最快的答案；
他们倾向于弄明白"为什么"而非只知道"是什么"。
当父母能够拥有这种思维时，就能够培养这种孩子：
积极思考，独立行动，敢于尝试，满怀自信的创业型孩子。
这就是他们如何在不确定的未来中不仅得以存活，并开花结果！

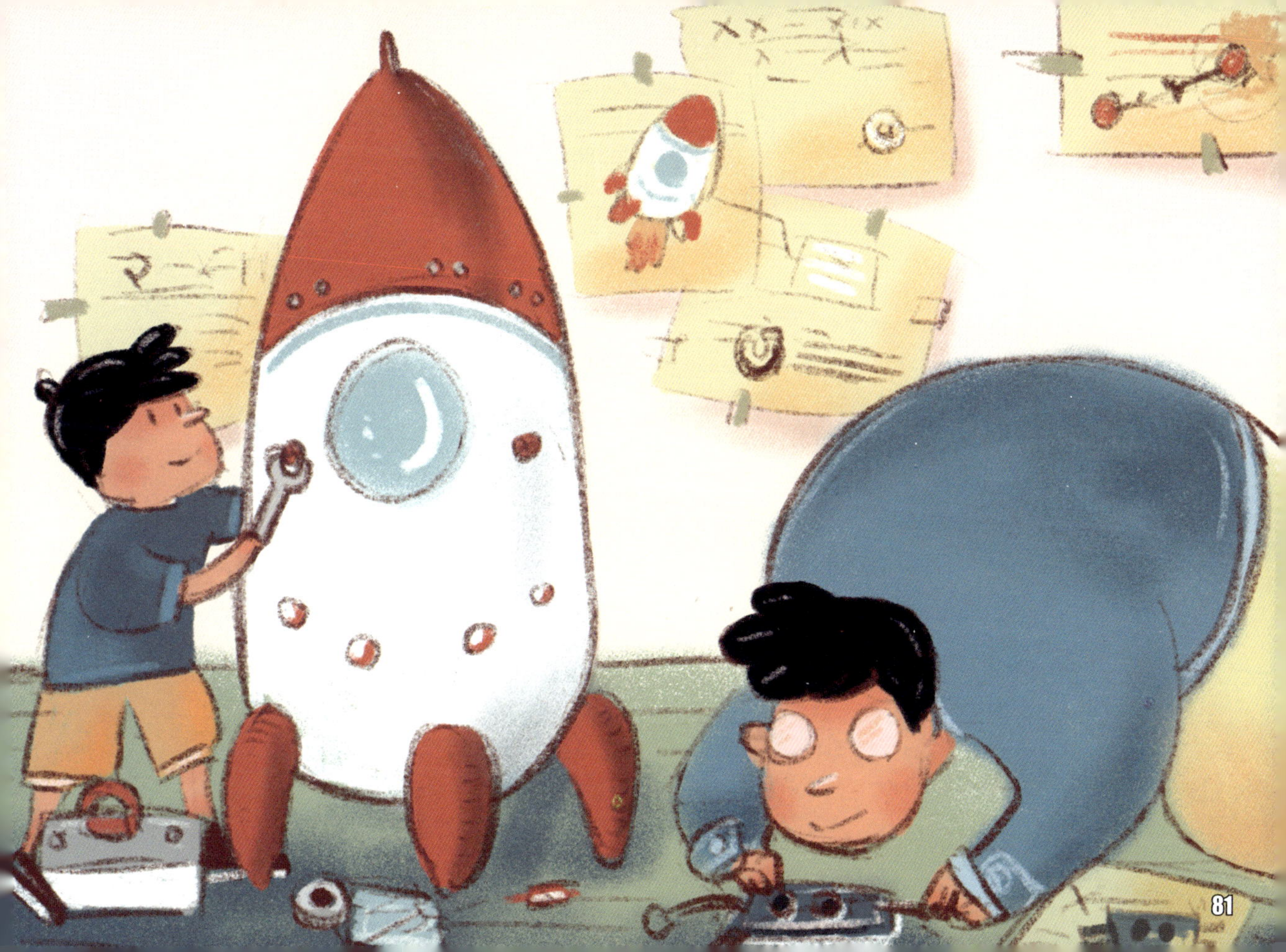

# 聪明的孩子脑海中

问题 比 答案 多

The mind of a smart child will have more questions than answers.

"我从哪里来？"
"人们为什么会死？"
"钱是什么？"
"天空为什么是蓝色的？"

上学前，孩子喜欢问问题——他们的动力源于探索的过程，源于寻找答案；
当他们上学时，孩子停止问问题——只有最后的结果和正确答案才得到奖励。
上学前，父母允许孩子玩耍和体验；上学后，父母严格要求孩子学习和背诵。
在学校，知道答案有益于孩子；而在生活中，只有懂得提问才会帮助孩子。
当我们问问题时，我们需要思考，思考时我们得以成长——这使我们更聪明！
当我们问问题时，我们内心更愿意参与过程——这使我们更幸福。
当我们问问题时，我们内心更有动力思考，探索不同答案——这使我们创新！
提供答案是一个短期结果，提出问题是长期过程——
提出问题不会使我们的孩子跑得更快，但一定会帮助孩子跑得更远。

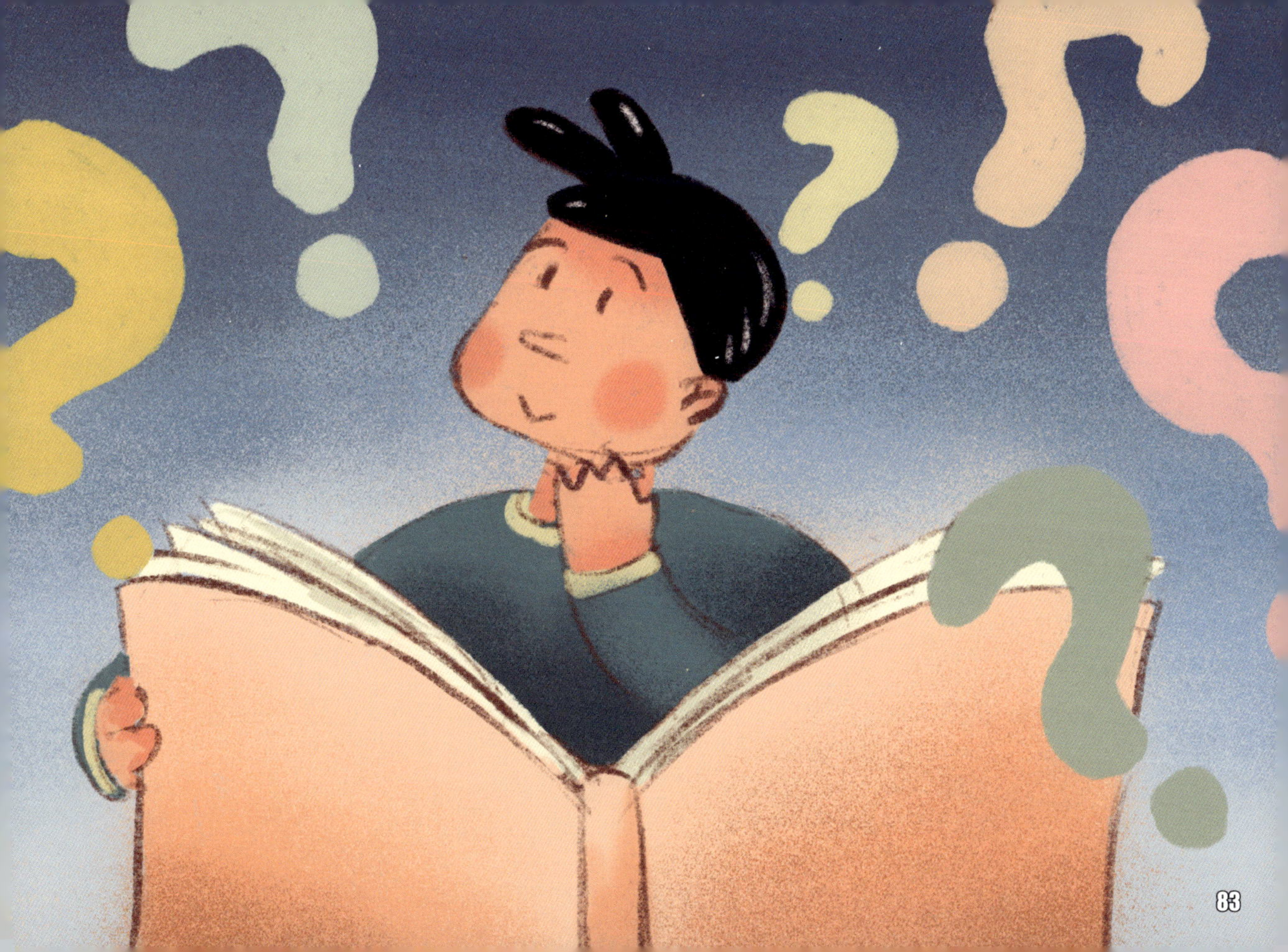

# 如果你想孩子富有——教他们做慈善

If you want your children to be rich –
Teach them to do charity.

理论上，很多人认为犹太人做慈善是因为富有。

事实上，犹太人知道做慈善使他们富有！

这使他们内心富有，因为他们帮助别人；

这使他们外在富有，因为这帮助他们保护自己！

当我们没钱时，我们需要钱财护身，以存活下去。

但当我们有很多钱时，需要参与慈善来保护思想，防止堕落。

缺钱有损自信和自我——这使我们低头；

有钱增加自信和自我——这使我们抬头。

钱和自信有关，自信和自我交融：

我们越有钱，自我就越膨胀；

我们自我越膨胀，犯错的风险越大——摔跤。

通过捐出钱财，帮助那些缺乏我们所拥有事物的人，

他们帮助我们更合理、更好地看清和管理我们所拥有的，

因此更好地处理前方的风险——通过滋养内心，帮助我们约束自我。

我们做的慈善越多，就越富有——内在和外在，精神上和身体上都是如此。

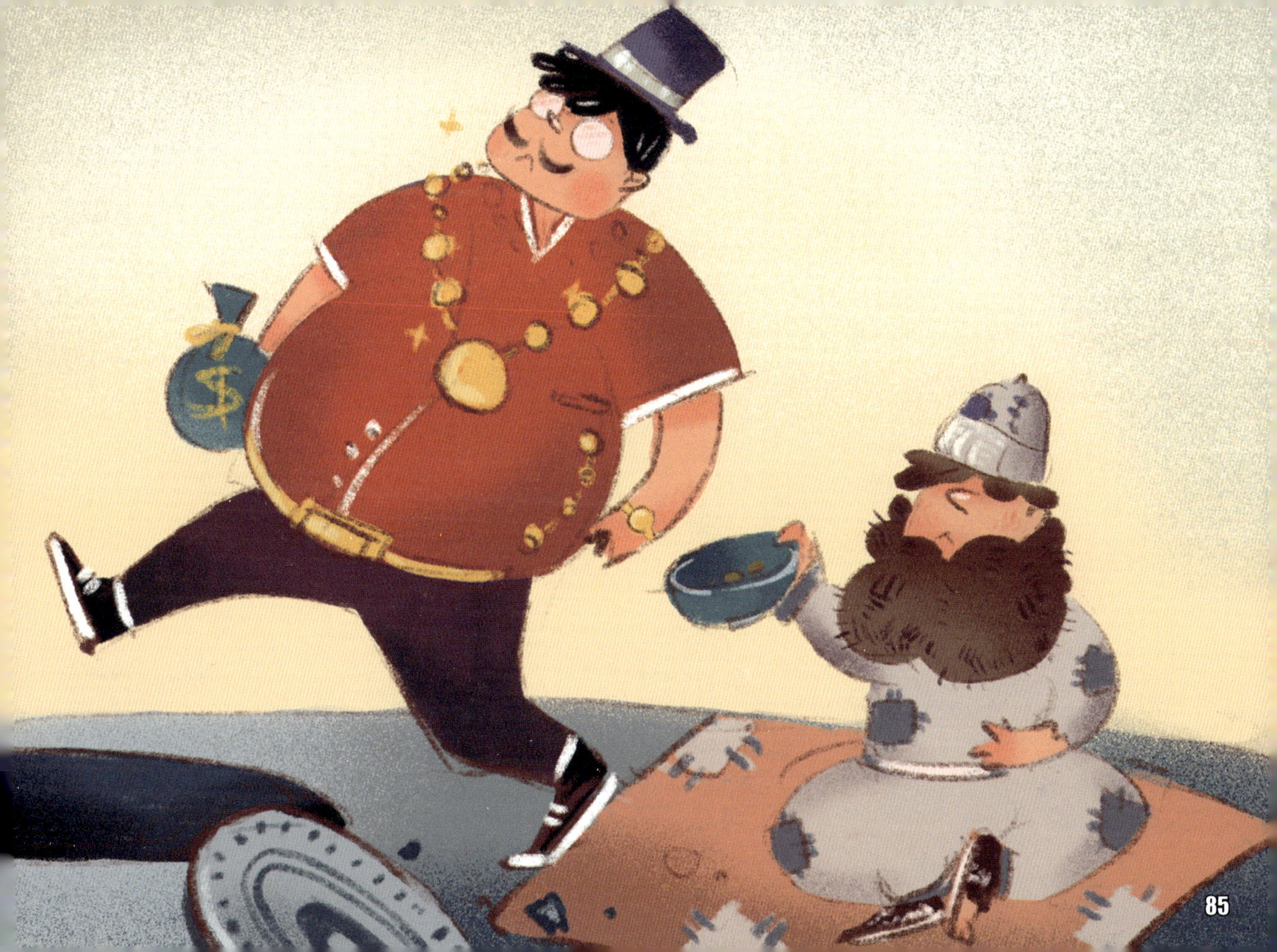

# 没有远见的父母 = 没有未来的孩子

A parent without a vision is equal to a child without a future.

一家公司需要远见，为他们提供清晰的方向和目标。

父母也需要远见，为他们提供养育孩子的清晰道路和指导方向。

从现在算起，20～25年后，对自己孩子的想象是什么？希望他们会成为怎样的人？

他们会有什么样的性格和行为？他们会有哪种朋友？这些朋友会怎样描述他们？

这些问题不是父母的选项，而是必须回答的问题。

就像远见对公司的作用一样，对父母也有同样的帮助——

使我们变得主动而非被动，变得自信而非多疑，减少出错的概率，增加成功的可能；

使父母不会背离自己的道路。

养育孩子是一条充满风险的道路，而孩子面临的最大风险是由没有远见的父母养育！

因此，我们不仅仅应该谨慎回答这些问题，还应在墙上装裱起来——

每日观察，记住并警醒自己！

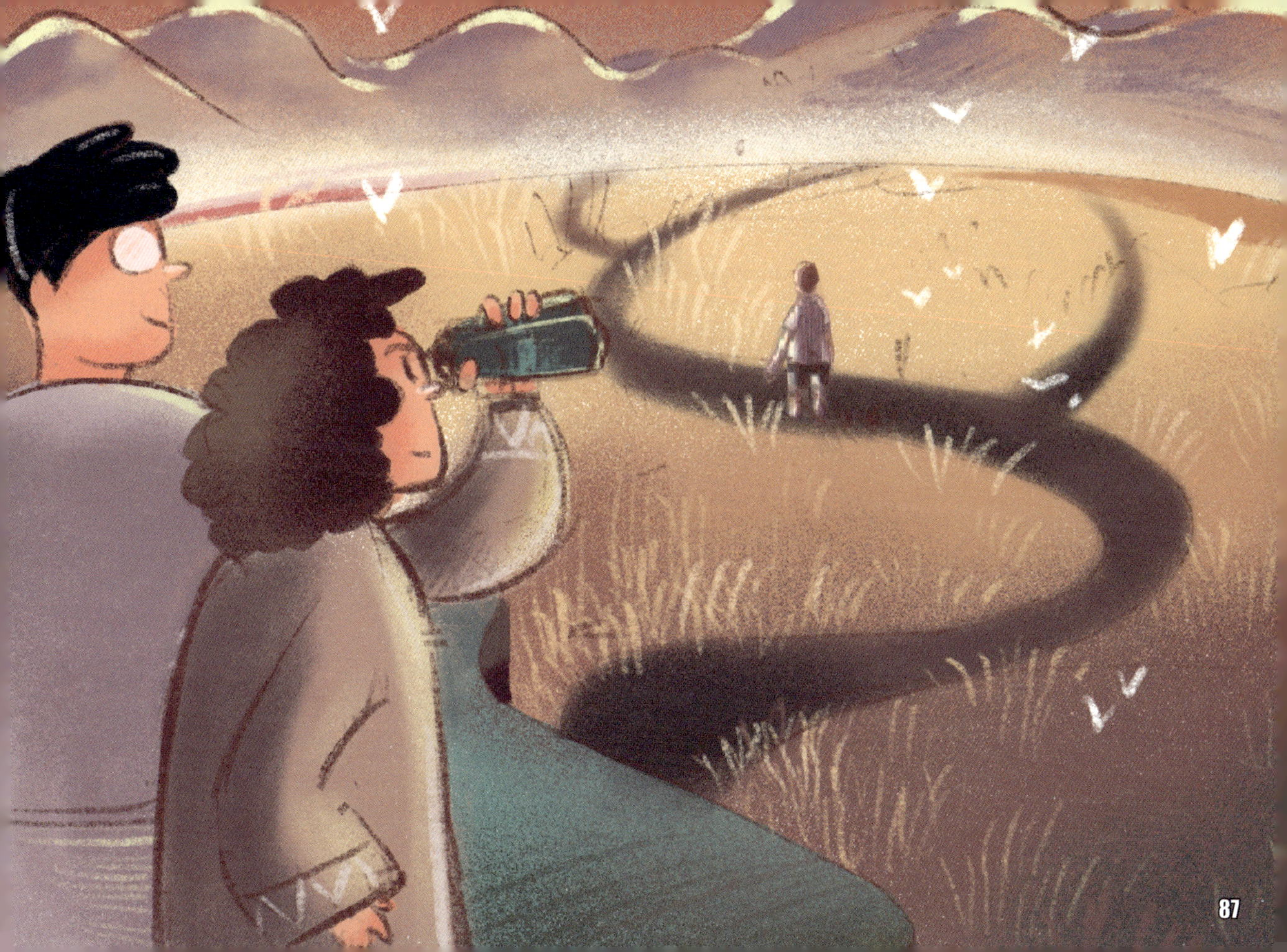

# 当你最"讨厌"自己孩子的时候
## 他们就最需要你的 爱

Whenever you feel that you "hate" your children the most is the time when they need your love the most.

她弄坏你的东西，他打了自己的妹妹，她考试不及格，他告诉你他恨你！

当处于这些时刻、这些情景中时，孩子使我们生气，我们最想做的是突然爆发、

勃然大怒、责备或惩罚孩子的不良行为或不佳表现。

我们关注孩子的外在表现和结果，忽略他们的内在感受和动机，所以我们才如此容易发脾气。

随后，我们用言语伤害孩子，我们还通过行动来惩罚他们，

因为我们相信这就是让他们吸取教训、下不为例的方式。理论上说这是对的，但事实上这是错的！

比起他们的客观行为表现，我们更应该试着体会他们的主观感受，

不关注他们做错了什么，而试着理解他们为什么这么做；重要的不是表面，而是背后的一切！

当孩子打他的兄弟、考试不及格或跟我们说他恨我们时，看起来好像是各种不良行为，

但很有可能表达的意思是一样的——缺乏或过多。

缺乏父母的陪伴、关注或倾听，或过多受到父母的压力、比较和期望。

事情可能各不相同，但总体感受一样——缺乏安全感、归属感和无条件的爱。

为人父母，我们应该时刻记住，孩子永远不会表现差，他们只是被迫这么做；

为了从外在警醒我们，他们内在缺乏非常重要的养分——爱。

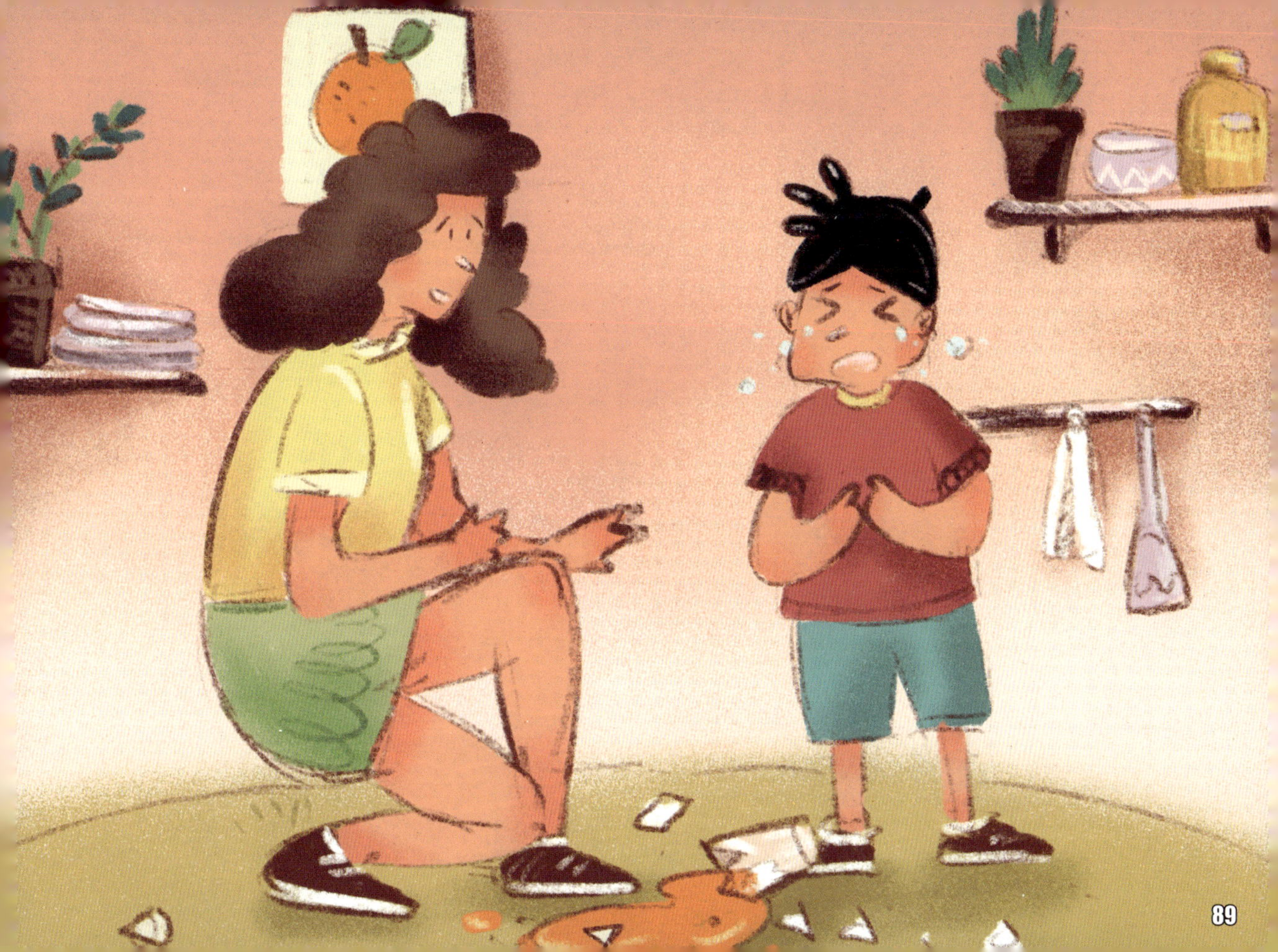

The way we read books is more important than the number of books we read.

很多人认为，犹太人读书的数量使他们变得聪明。
犹太人知道阅读的质量使他们有所不同；
重要的是读书的方法，而非读书速度。
因为就像爱因斯坦所说："读太多书但用脑太少的人会陷入懒惰思考。"
读书的目的应该是启发思考，而非仅仅积累知识。
读书快的孩子可能提升了知识数量，而非智慧的质量。
因为后者基于我们的理解水平和思考程度，
只能通过写出读后感和频繁的讨论得以提升。
读许多书而不反思和讨论，
就如同吃饭不消化一样——
高投入，低回报！

我们读书的 方法
1 2 3 4

数量
比读书的 #1 #2 #3 更重要

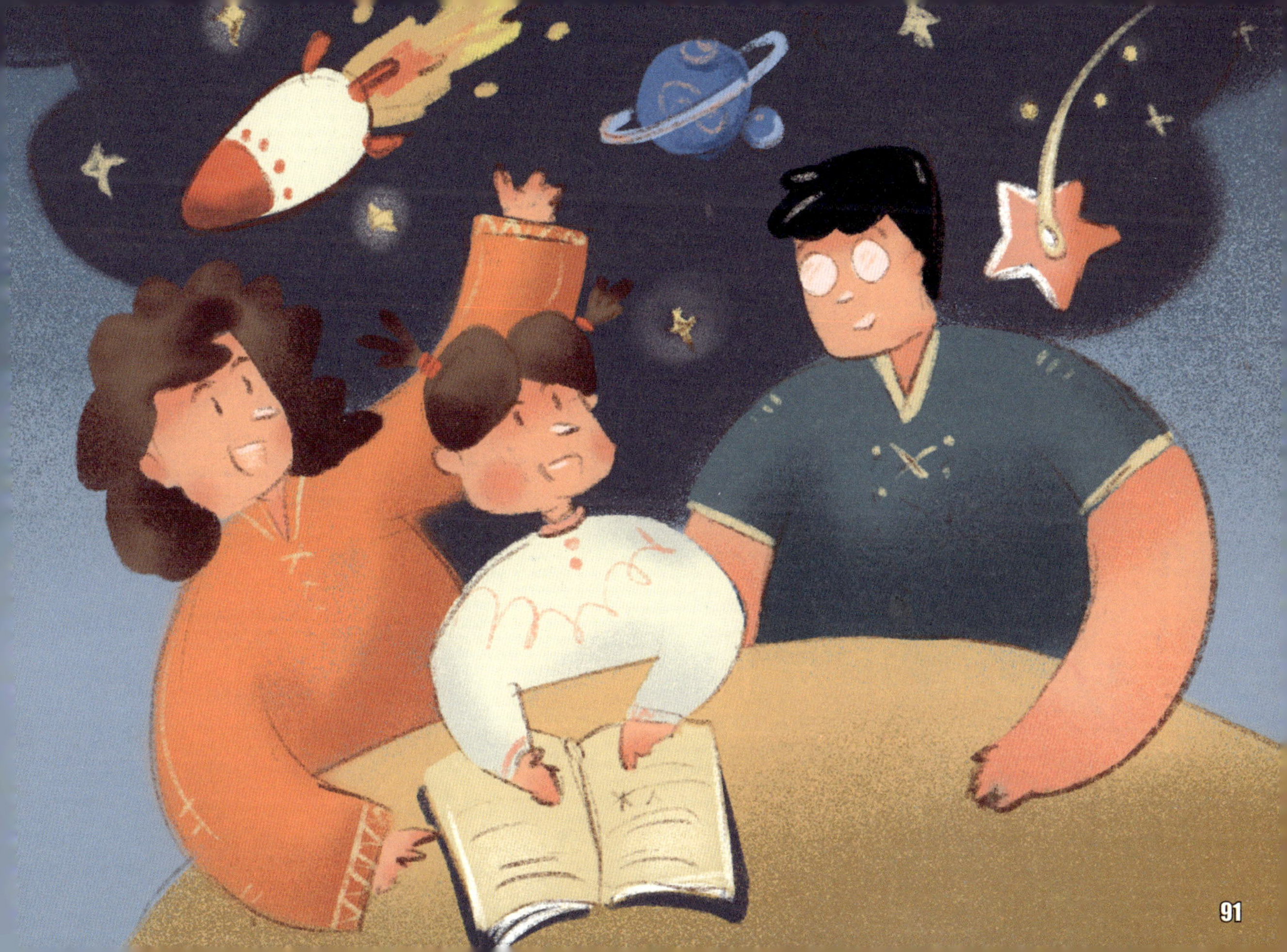

Listening to our children is done with the heart, not with our ears.

身边的人经常和我们交谈，他们和我们分享自己的观点、故事或感受。
理论上，我们都听着他们说话，但实际上我们真正在倾听他们吗？
父母是主动还是被动的倾听者？用心倾听还是只用耳朵听？
对这个问题的不同回答造成了有的孩子愿意主动分享而有的不愿分享。
前者完全关注孩子和他说的话，他们着实努力理解孩子想表达的；
后者可能看似倾听孩子和他说的话，但没有真正想要努力理解孩子想表达的。
前者花更多精力倾听，他们停止做其他事情，
进行眼神交流，俯身接近孩子，但后者没有这么做。
孩子想说话，但孩子首先想得到倾听，
他们更在意有人真正倾听，而不是仅仅向他人倾诉。
这将帮助他们建立自尊心，与我们关系更密切，
让他们自然而然地更想跟我们倾诉。
当父母愿意主动倾听，孩子更有可能主动倾诉；
分享他们的内心世界，他们的想法、需求和感受。

倾听孩子要用

"♡"心 弃而不是 耳朵

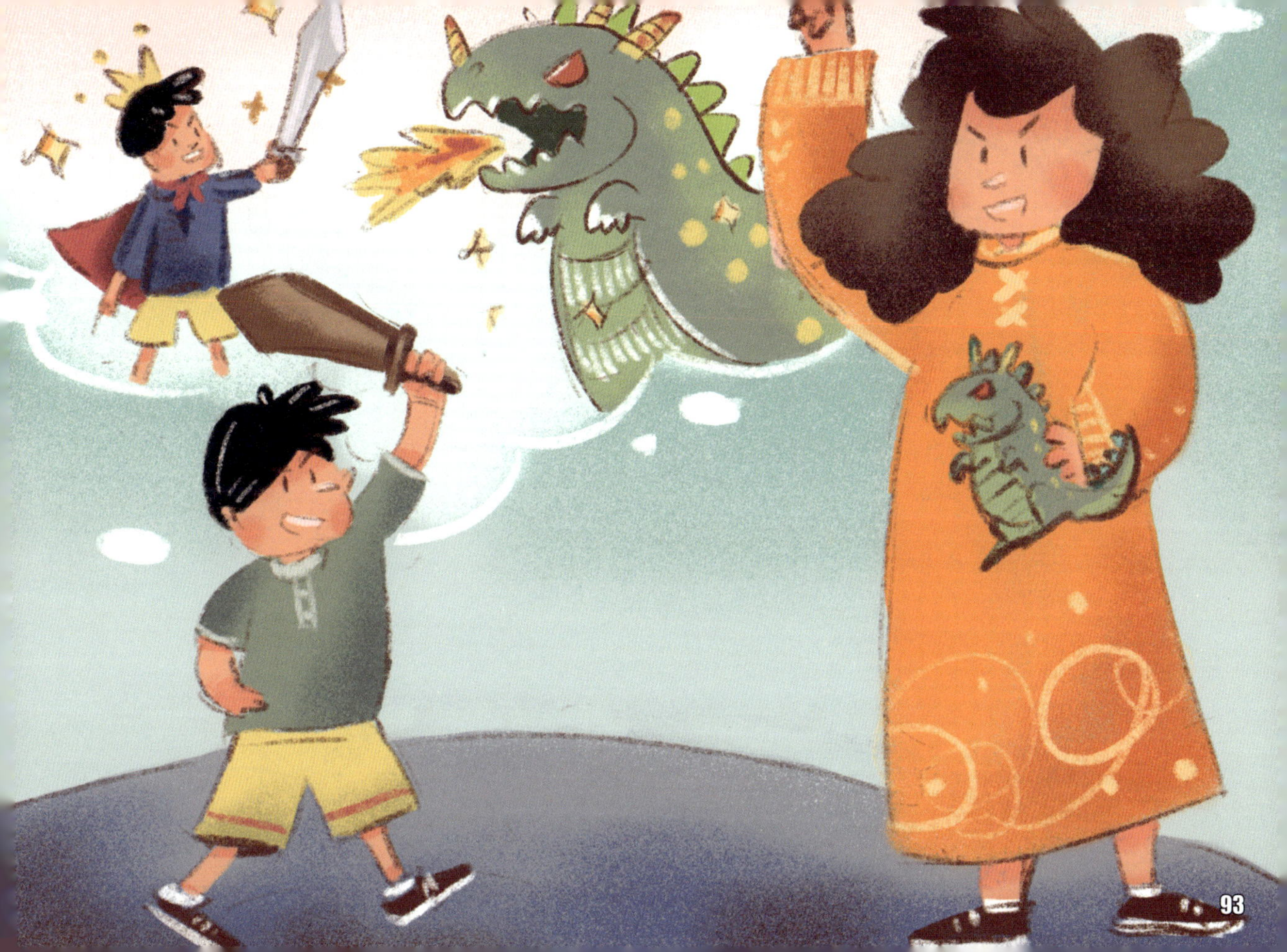

# 具有孩子的 思维 是赐予我们 成为父母的技能

The ability to be a child, provides us with the skills to become a parent.

如果我们可以通过孩子的眼睛看 世界 ，我们会看到什么？

它将怎样改变？我们感受如何？

如果我们可以感受到他们探索的好奇心，我们会更耐心地让他们去玩耍和发现吗？

如果我们可以感受到他们尝试的勇气，我们会更加赞扬他们的主动努力吗？

如果我们可以感受到他们对接纳的渴望，我们会更愿意无条件地爱他们吗？

如果我们可以像孩子一样感受世界，会让我们成为更好的父母吗？

大多数父母知道如何为人父母，只有少数父母能感受如何做一个孩子。

对于前者，我们需要思维；而对于后者，我们需要用心。

如果用你的孩子的眼睛来看自己，这是否会让你成为更好的父母？

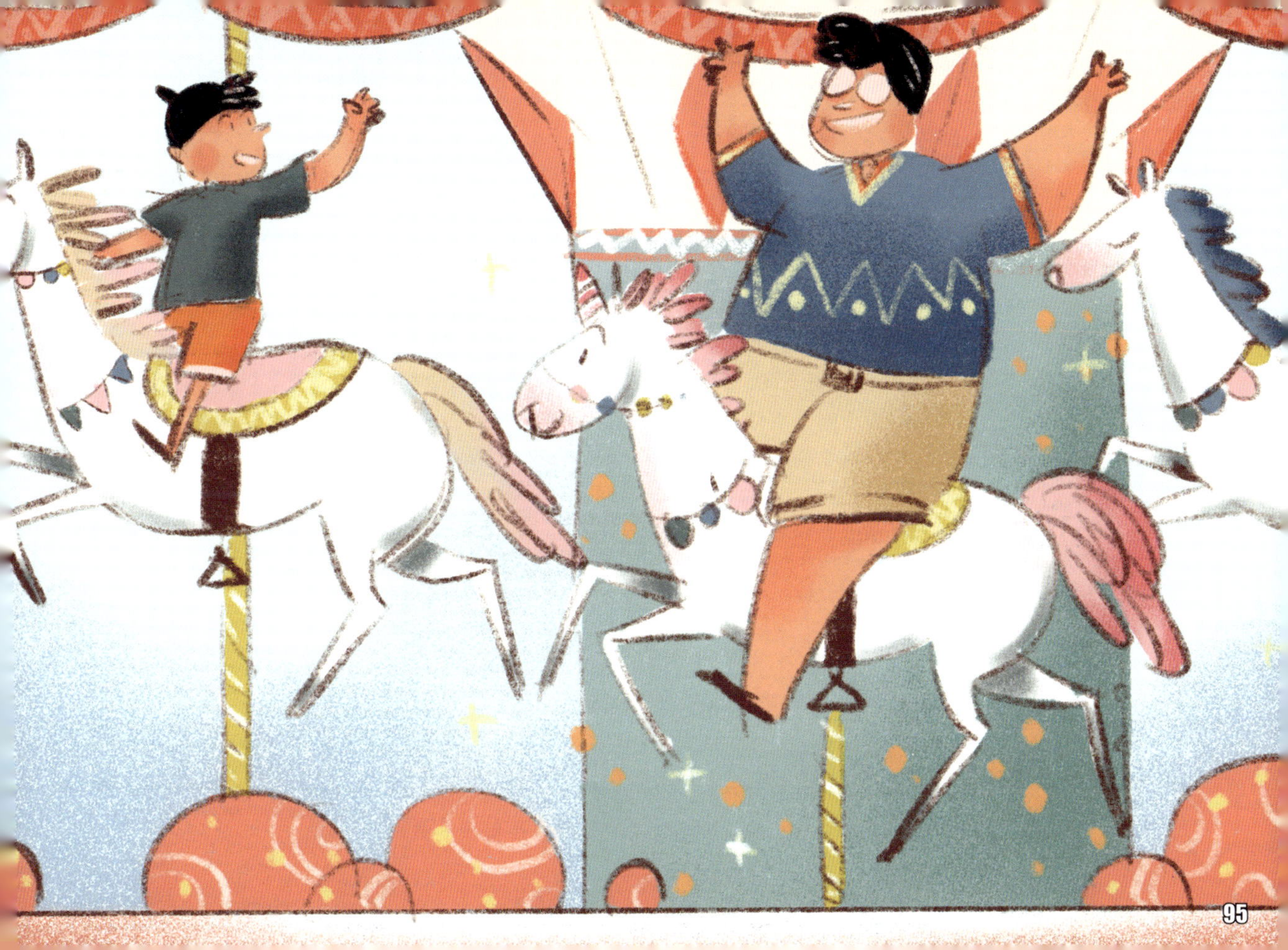

# 幸福的孩子在严苛的环境中灵活地创造条件

Happy children are able to apply a flexible mindset in an otherwise rigid environment.

她渴望的是巧克力蛋糕，他梦寐以求的是获一等奖。

男性或女性，孩子或成人，无论关乎工作或家庭、食物或学习，

我们个人偏好不同，但对积极感受和好生活的追求相同。

要获得这些感受，并不取决于偏好本身，而更多依赖其解释：是严格且狭窄，还是弹性且宽广？

年幼时想要的巧克力蛋糕或幼儿园表演，正如长大后，想要上的大学或做的工作；

我们想要这些，但无法一直得到，因为生活不是一帆风顺的航行！

幸福和不幸福的人区别不在于他们从外在得到什么，而在于他们内心如何诠释它；

他们对生活的态度。

通过教孩子转化条件，我们帮他们减少愤怒，增加感恩。

我只想要这块🧁 ——→ 我想要巧克力蛋糕，但有其他蛋糕，我也会幸福

当孩子学着把严苛的条件转成灵活的偏好时，

他们改善了对生活的态度，变得更积极、更健康、更幸福！

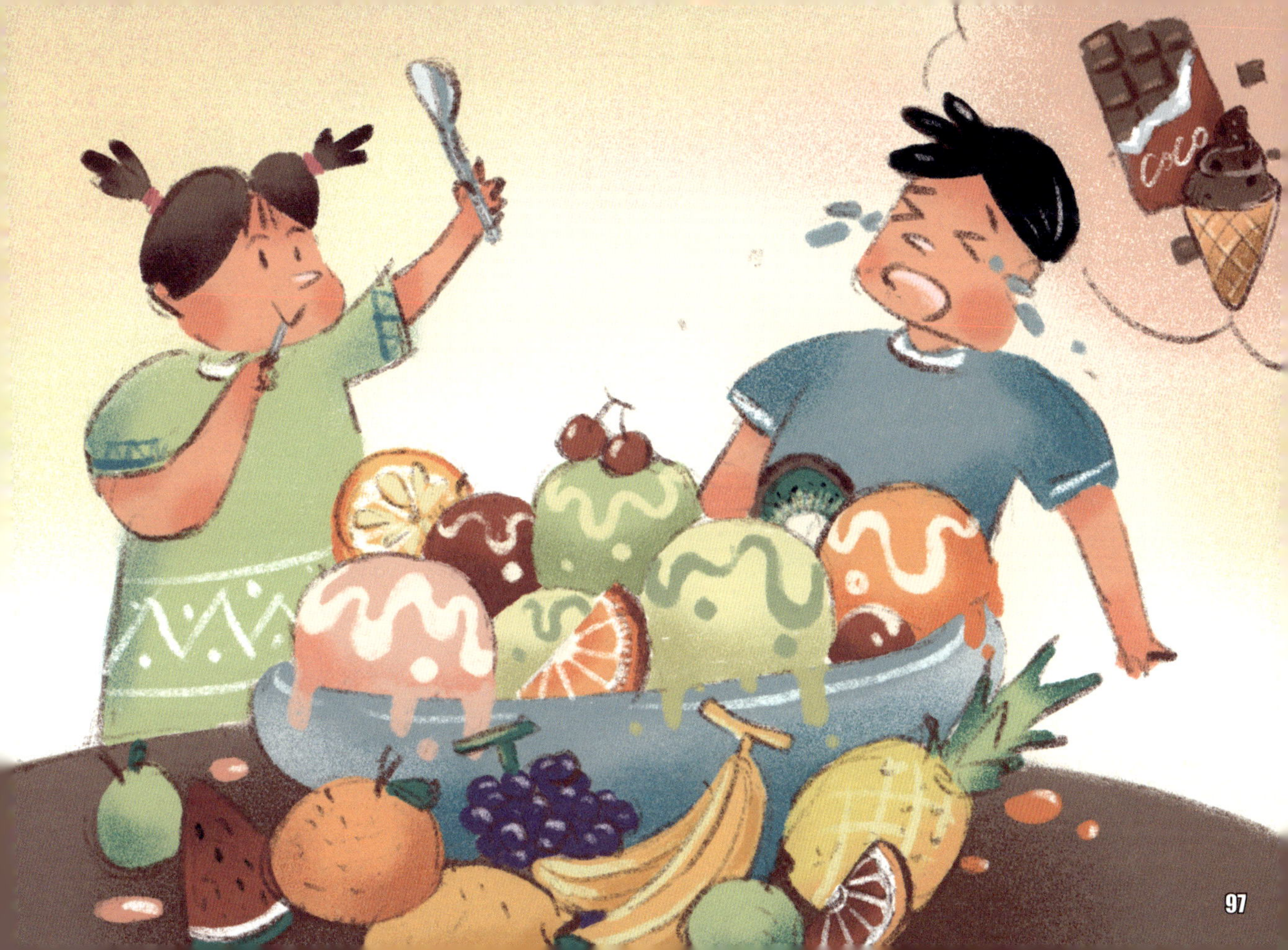
COCO

# 想让孩子找自己的 ✔ 答案
# 先帮助他们提出对的 ❓ 问题

If we want children to find their own answers, we should help them ask the right questions.

"我为你定了……" "我为你买了……" "我为你报名了……"
从食物到衣服，从习惯到学习，从童年到成年，
父母判断、选择、决定，为孩子代劳每件事。
他们说这是因为懂孩子，但事实上并不理解孩子；
他们说"我为了你好"，但内心知道是"为了自己好"；
想让孩子有批判思维，但不让他们独立选择；
想让孩子积极表达自己，但不愿倾听他们；
想让孩子自信地解决问题，但不给他们思考的机会。
父母需要做的不是命令或代劳，
而是试着询问孩子有什么想法或感受，倾听他们喜欢或想要什么。
独立、责任心、意志力和自尊心，
是后天技能而非与生俱来的天赋，
这些技能在童年、在家中得以培养，
由懂得问孩子对的问题且有耐心让孩子找到自己答案的父母培养。

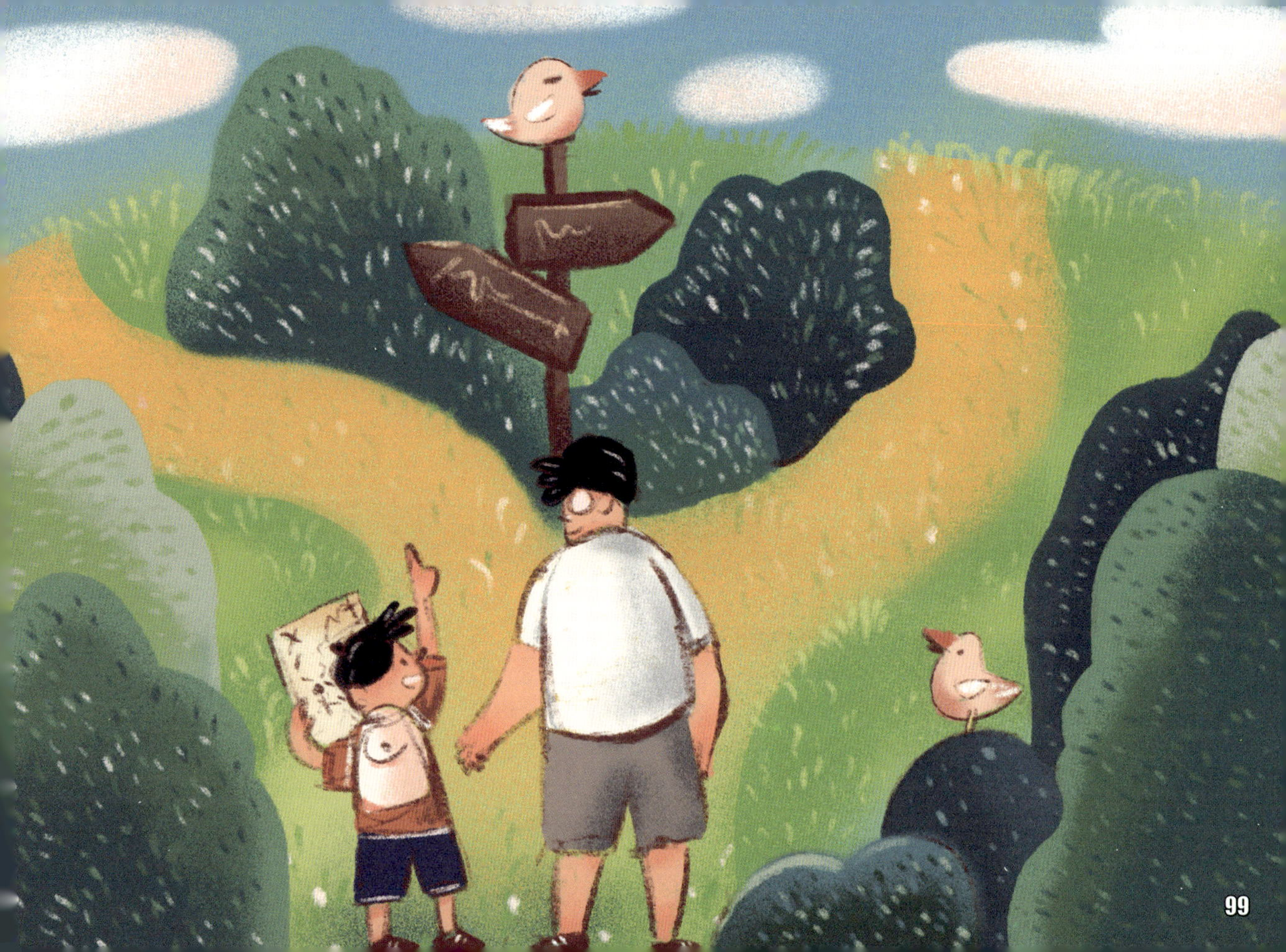

In life, humility will unlock more doors for children than any key will.

它帮助植物生长，使动物有生命力；

大自然中，水能够让有机体保持活力。

它帮助我们心智成长，使心灵保持活跃；

在生活中，谦虚让我们的精神保持活力。

只培养技能，而没有培养谦虚的心态，就像舍弃树根去种树一样。

水是地球之源，谦虚是教育的支柱。

孩子童年时期都会谦虚——因为有天生的自身价值；

成年人不再谦虚——因为丢失了自身价值。

如果父母认可的是孩子本身，而不是他们取得的成功；

允许孩子犯错，而不是完全避免；

可以接受孩子的不完美，而不是试着抹除他们的瑕疵。

这样，他们是间接告诉孩子："你可以做自己，不完美的自己。"

这让孩子更有安全感，内心更平静，能减少压力，增加稳定性。

外在的谦卑反映的是内心的自信；

当孩子自我感觉良好时，他们不再需要借助金钱、地位、

级别或其他的外在的成就来弥补自己的缺点，假装成别人。

他们对自己有更好的了解，对生活中作出的决定更有勇气。

这使得他们更贴近自己内心，更好地与他人连接，

谦虚使孩子接受真实的自己，成为更鼓舞人心的领导者。

生活中，比起其他的钥匙，谦虚可以为孩子打开更多扇门

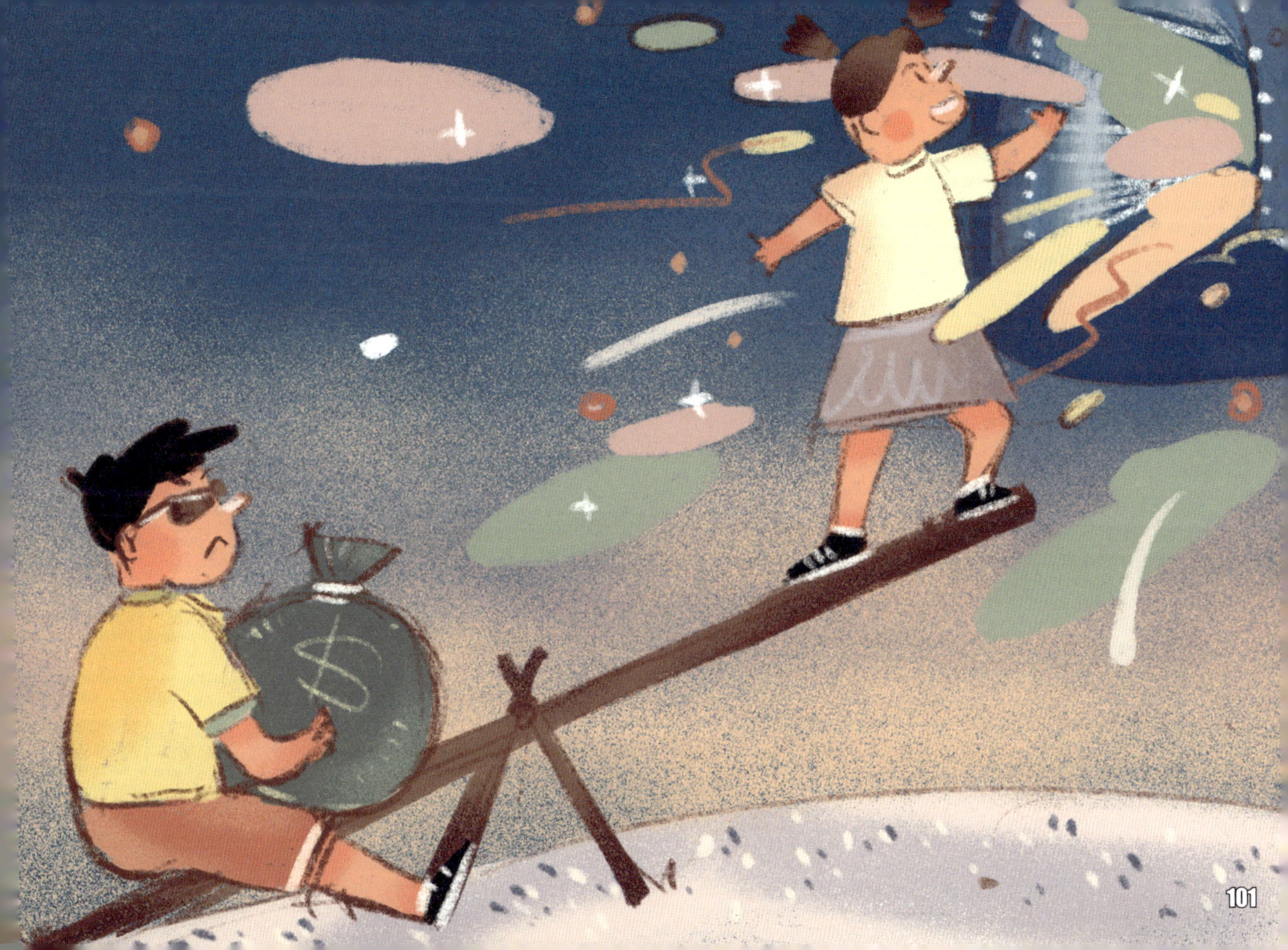

# 我们无法为孩子提供舒适的生活
# 只能在痛苦和有意义的生活中做选择

We can't provide our children with an easy life,
we can just choose between providing a painful life and a meaningful life.

"感到绝望时，我们怎么能找到意义？"埃米尔·弗兰克尔博士接受采访时，
用一个数学公式回答这个问题：

## "绝望=痛苦-意义"

因此，大多数父母选择帮助孩子解决问题，生活中过度保护孩子，
或者施加过多压力要孩子考得更好，认为这样对以后的生活有益——
提升外在条件，"减少痛苦"。
还有少数父母选择让孩子自己解决问题，面对生活的挫折，鼓励他们探索热情所在，
帮助他人，认为这样对以后的生活有益——增强内在力量，增加意义。
两种父母都爱孩子，唯一的区别在于后者知道：没有容易的生活！
生活充满身心上的问题和挑战，增加财富或提升外在条件可以减少痛苦，但无法消除它。
通过帮助孩子找到热情所在，引导他们与他人连接，教他们面对困难，
经历失败，克服挑战，帮助他们变得更加自信，对生活更积极。
生活虽然不容易，但会变得更有趣、更充实——不是减少了痛苦，而是增加了意义。

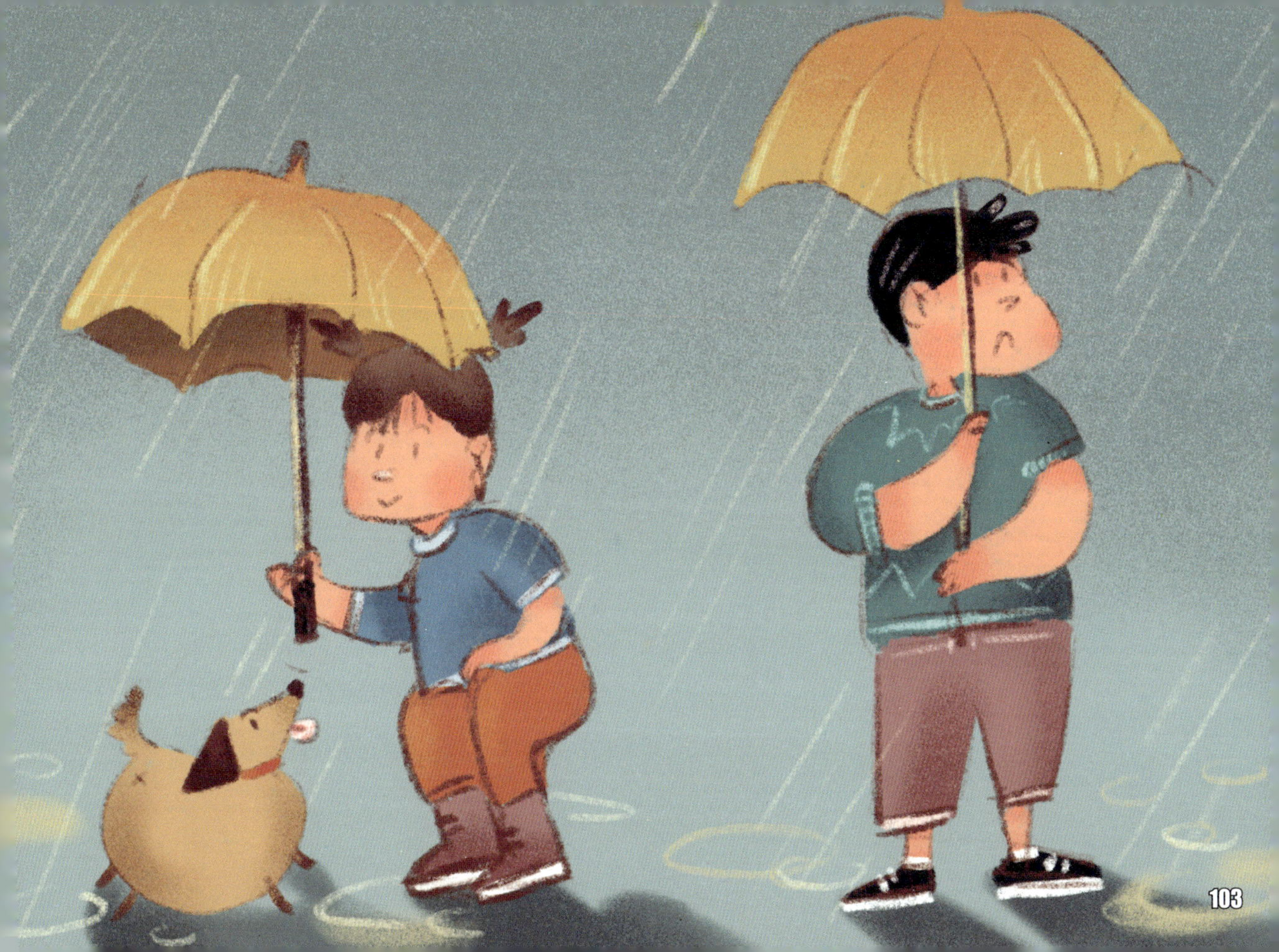

# 冲动地恐吓孩子不会让他们惧怕父母
# 只会告诉孩子父母惧怕他们自己

Impulsively threatening children doesn't make them fear their parents,
it just tells them that their parents fear themselves.

如果你不站起来

如果你再这么做

你就会知道后果!!!

当孩子表现不佳时，父母开始表现得不一样——

他们很冲动，提高分贝，大声叫喊，用惩罚来恐吓孩子。

理论上他们认为恐吓孩子能让他们听话，但事实上这会带来完全相反的效果——

使孩子更不配合！

当父母言行不一时，他们的信用度受损，孩子的信任减少。

孩子不仅不怕父母，还感到父母不想让他们知道的：父母内心不安，缺乏安全感，感到害怕。

当父母言出必行时，孩子会对听到的要求更加配合。

因此，父母应该停止恐吓孩子，而是用逻辑说话——多做，少恐吓！

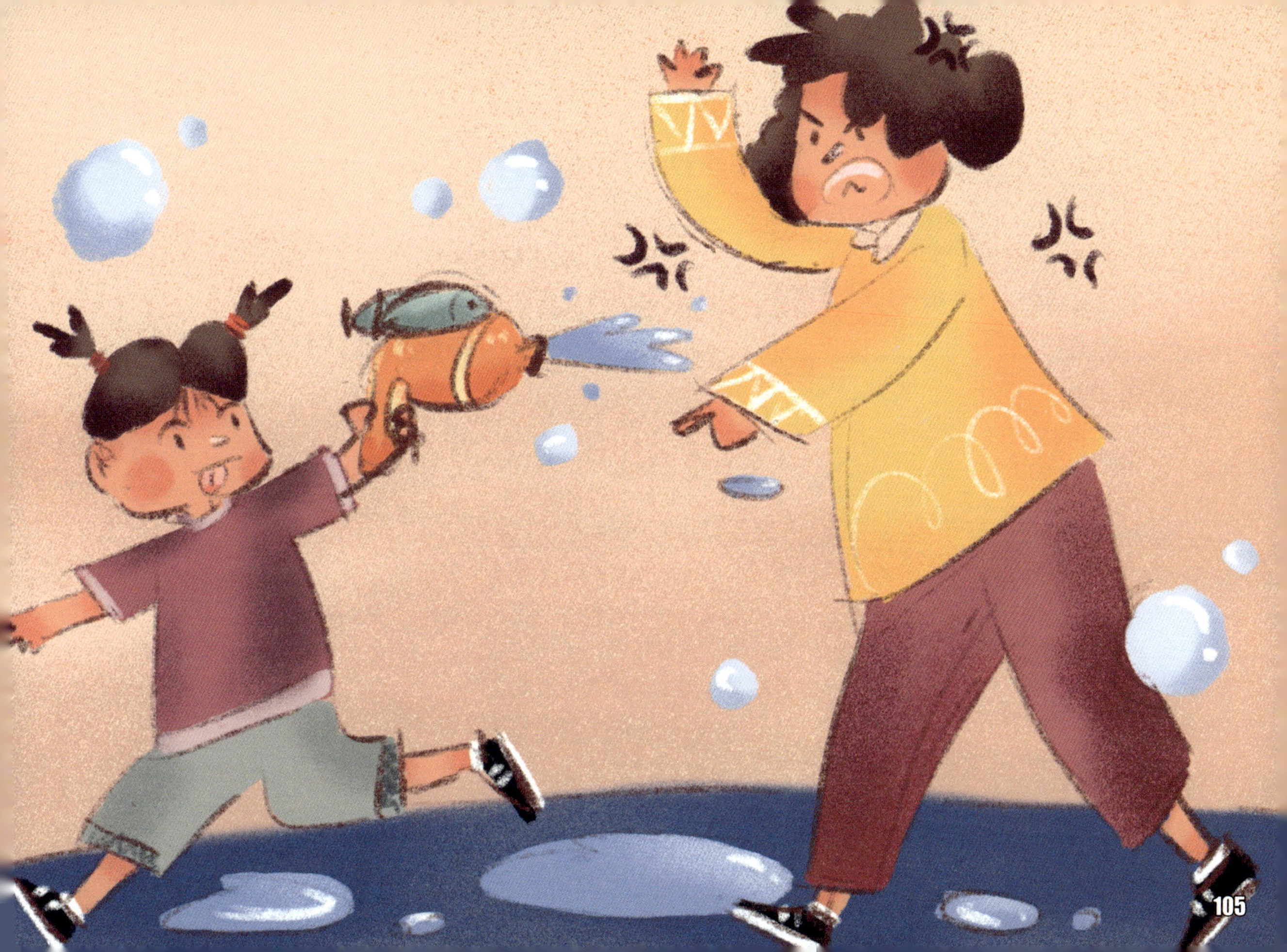

养育之人
出生之地
诞生之时
奠定生命旅程的基调

Your time and place of birth, and the parents to whom you were born,
are the basis to your life's journey.

两个天赋相近的孩子，一个生于现代，一个生于 50 年前——机遇不同。
两个天资相近的孩子，一个生于大城市，一个生于小村庄——机会不同。
两个潜能相近的孩子，一个遇到爱学习的父母，一个遇到爱说教的父母——未来不同！
他们的天赋可以是音乐或运动、文学或科学，天赋不同，潜能相似。
就像植物需要园丁提供肥沃的土壤、浇灌清澈的水，以及要有充足的阳光才能成长，
孩子也需要父母给他们无条件的爱、真正的信任、积极的鼓励和足够的自由，
从而发现他们的天分，帮助他们实现潜能。
这就是普通的孩子如何成为优秀的人。
这就是今天的父母如何影响明天的孩子——帮助他们奠定生命旅程的基调！

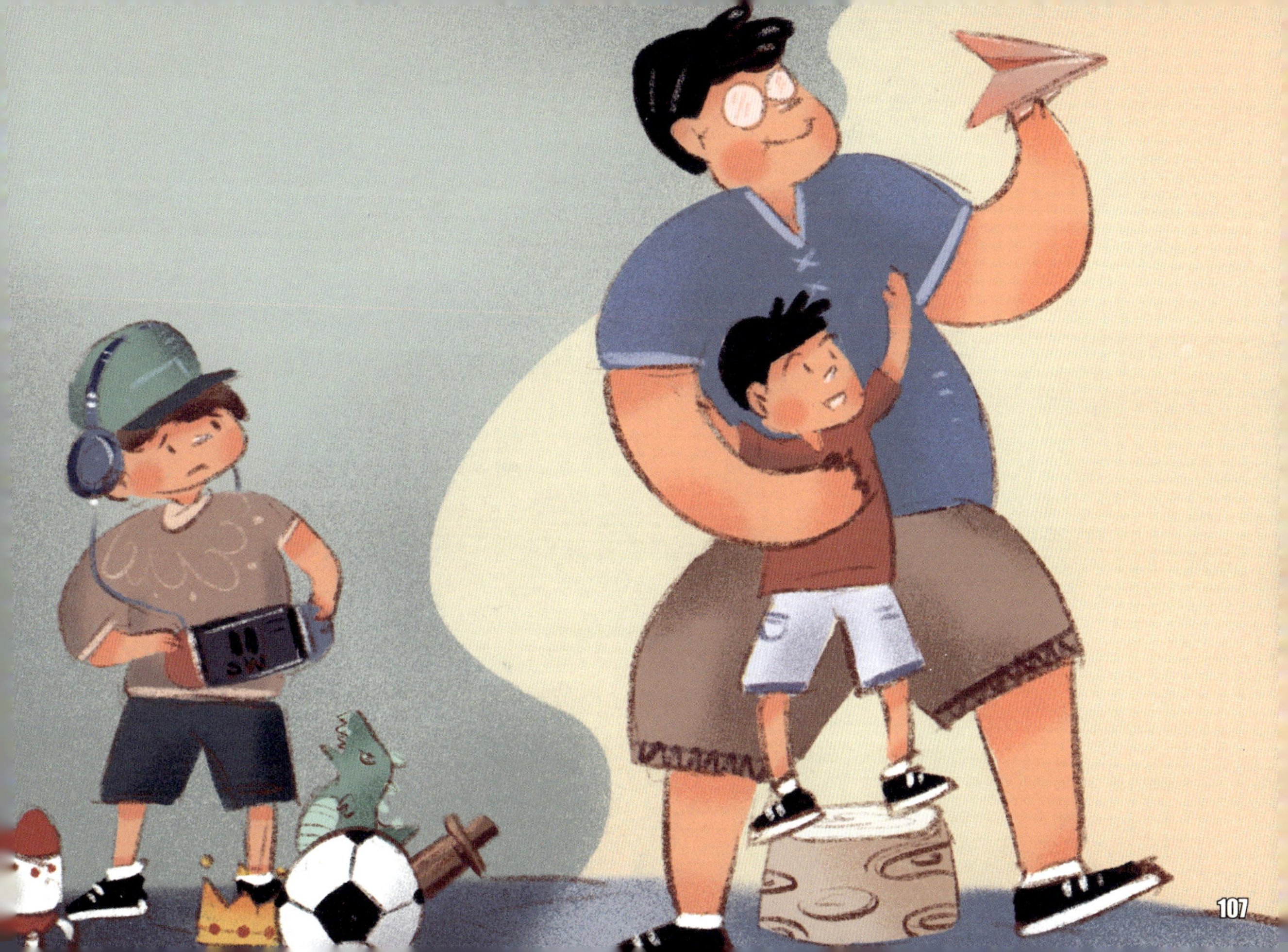

学校可以打造
出优秀的学生
但只有家庭能够
培养出 不倒翁孩子

School can create an extraordinary student,
but only family can raise a "roly-poly child".

生活充满风险，如流感、疾病和其他传染病，
所以我们注重孩子的身体免疫。
生活充满不确定性，如挑战、挫折和其他问题，
所以我们应记得提高孩子的精神"免疫"。
当很多父母常关注校内的外在"智商和技能"时，
他们忽略家中所培养的内在"逆商和心理能量"。
前者更关注成就，而后者强调品质。
这就要求父母去引导而非命令，去影响而非要求，
问问题而非给答案，用同情心倾听而非用权威讲话。
拥抱童年生活中的问题和挑战，把它变成实践，
培养孩子未来抗挫能力，培养出"不倒翁"孩子。
这些力量不是孩子外在的特征，而是内在的特质——思维。
这给他们提供了更多稳定性来忠于自己，
更多自信来面对问题，更多勇气来独立行事，走得更远，
在"生活的波浪"中屹立不倒，用内心的力量传递影响。

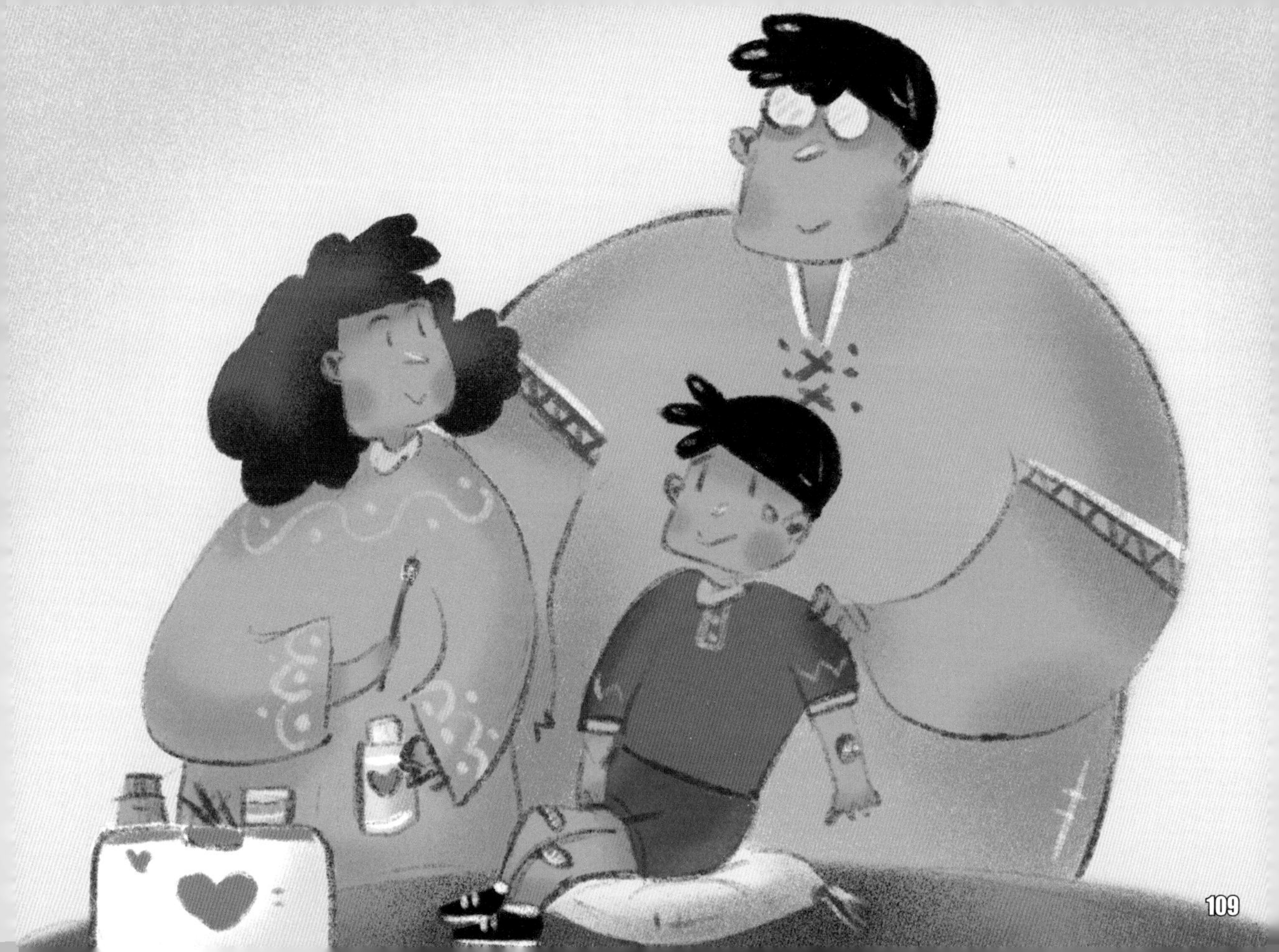

What exercising does for our body,
parents' belief does for their child.

父母信心之于孩子
等同于
锻炼之于身体

学会走路、讲话和探索世界，天性不怕走出舒适区，孩子生而主动；
避免尝试，逃避面对，保护自己，长大的过程中被恐惧操控，孩子学着被动。
两者的区别在于自我相信的程度。
为了尝试，需要相信；为了相信自己，首先要他人相信我们。
如果父母不相信孩子，孩子很难真正相信自己；
但如果父母能鼓励孩子努力和尝试，而非仅仅表扬他们的结果和成功，
能关注孩子的内在优势和积极一面，而非劣势和消极一面，
能用言行表示真正相信孩子，孩子就有信心相信自己，有勇气尝试，走出舒适区。
就像锻炼能强身健体，让我们更健康强壮，
自我信念使我们内心更强大、更自信和坚韧。
成功基于尝试，尝试基于勇气，勇气离不开信念；
父母相信的程度决定孩子成功的概率。

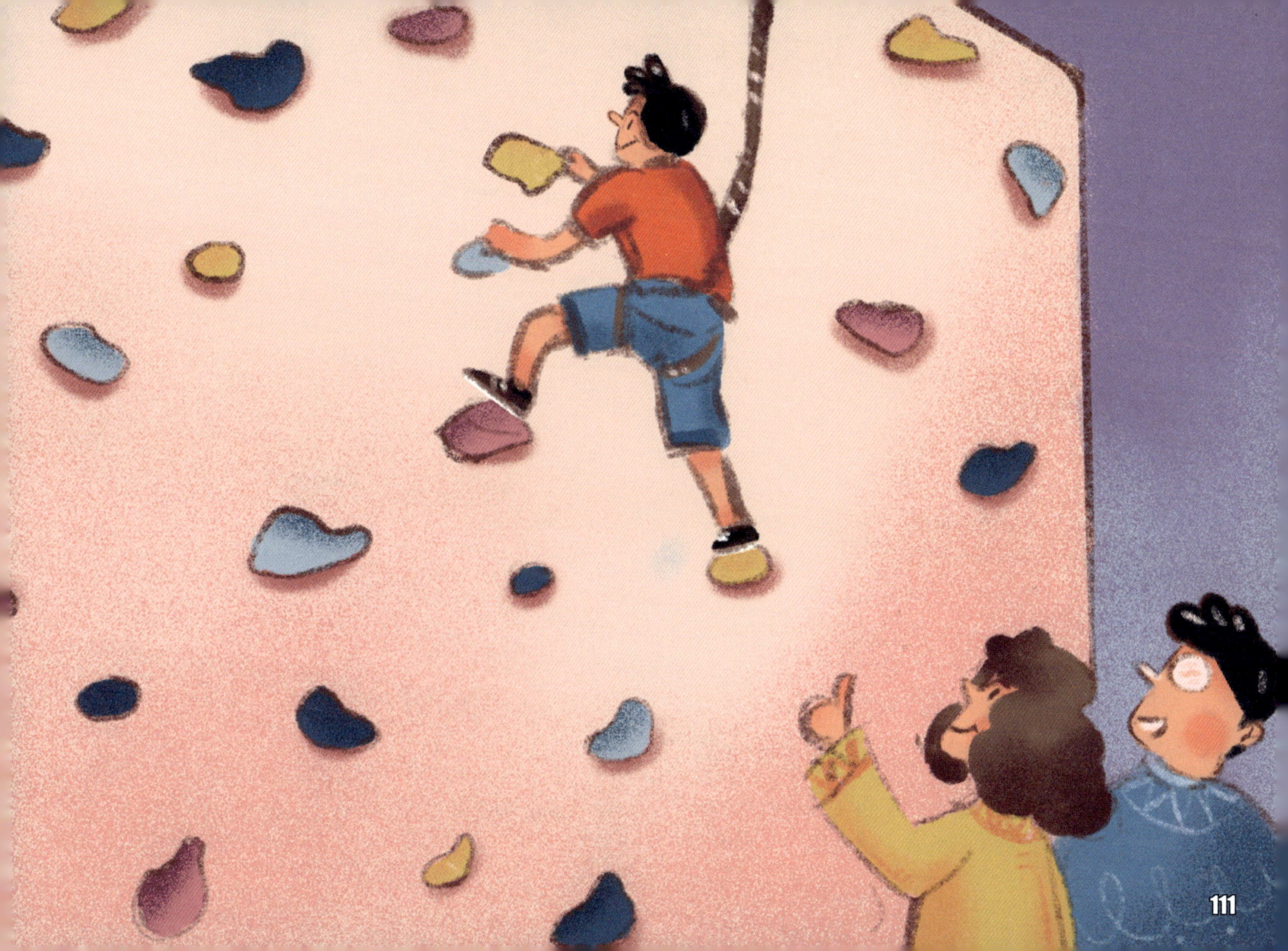

# 父亲能给孩子的且随时间愈久愈珍贵的礼物，永远是时间 🕐

The only thing that appreciates with time and can't be taken away is time –
this is the most precious present a dad can give to his child.

在平衡个人、家庭和工作之间，
大多数父亲没有足够的时间陪伴孩子。
他们努力挣更多的钱，买更多的礼物，
认为金钱和物质能弥补陪伴，代替父亲的爱。
实际上他们不懂货币会随着时间贬值，物品会过时，
拥有它们的时间越长，从中得到的价值就越少。
短期来看，钱可能会带给孩子物质上的愉悦，但长期来看，可能带来巨大的依赖。
金钱不能带来身体健康，物质上的富有不能带来心灵的平静。
对社会来说，钱可能和爱关联，但对孩子来说，时间才是爱的唯一标志！
花在工作上的时间能挣更多钱，但花在孩子身上的时间，

能给孩子真正需要，而金钱买不到的—— 爱♡

父亲的陪伴就像酒，拥有的越多，储存的时间越长，从中获得的价值越多，
从而使我们在生活中更健康、更幸福、更强大！

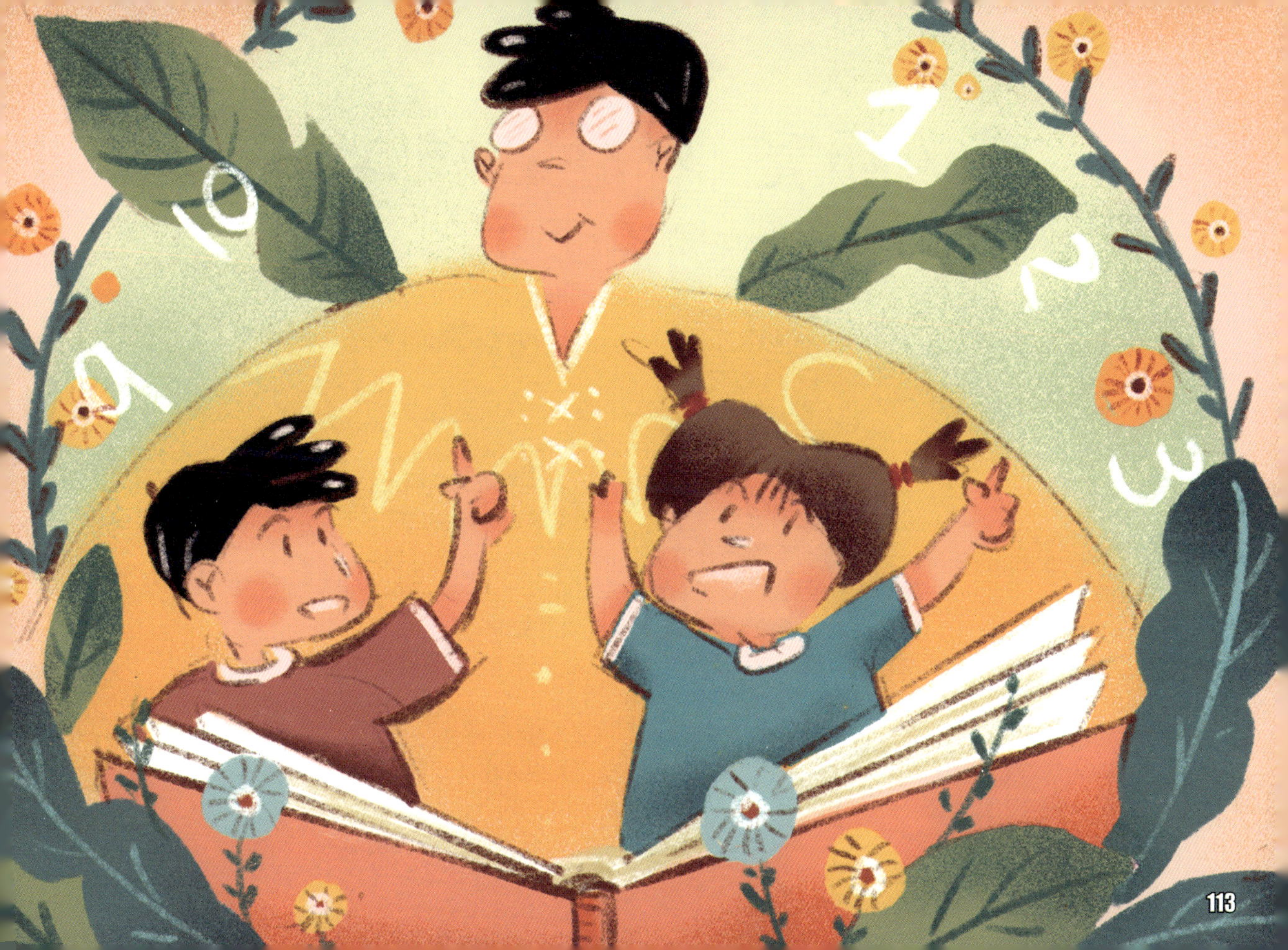

# 成人研究 孩子玩耍 均是学习

Adults research and children play, yet they both learn.

跑、跳、躲、藏、行动、模仿、建立、创造：
出发点和行为不同，想法和目的相同；
对于孩子，玩耍不仅是好玩的选择，更是不可或缺的成长步骤。
成人通过课堂和书本学习，孩子通过体验和玩耍；
这就是他们如何能够探索、连接且认识这个世界！
玩耍对孩子学习的帮助，等于石油对车行驶的作用——提供向前的动力。
理论上玩耍简单，看似浪费时间，
实际上这是很复杂的过程：是孩子对生理、认知、情绪和社交能力发展的天然要求。
在玩耍中学会规范行为、管理情绪、与人沟通、共同协作，面对并解决问题，
在玩耍中了解自己、他人和这个世界。
童年玩耍的频率影响心理健康的程度，奠定未来人生的幸福指数和成功概率。

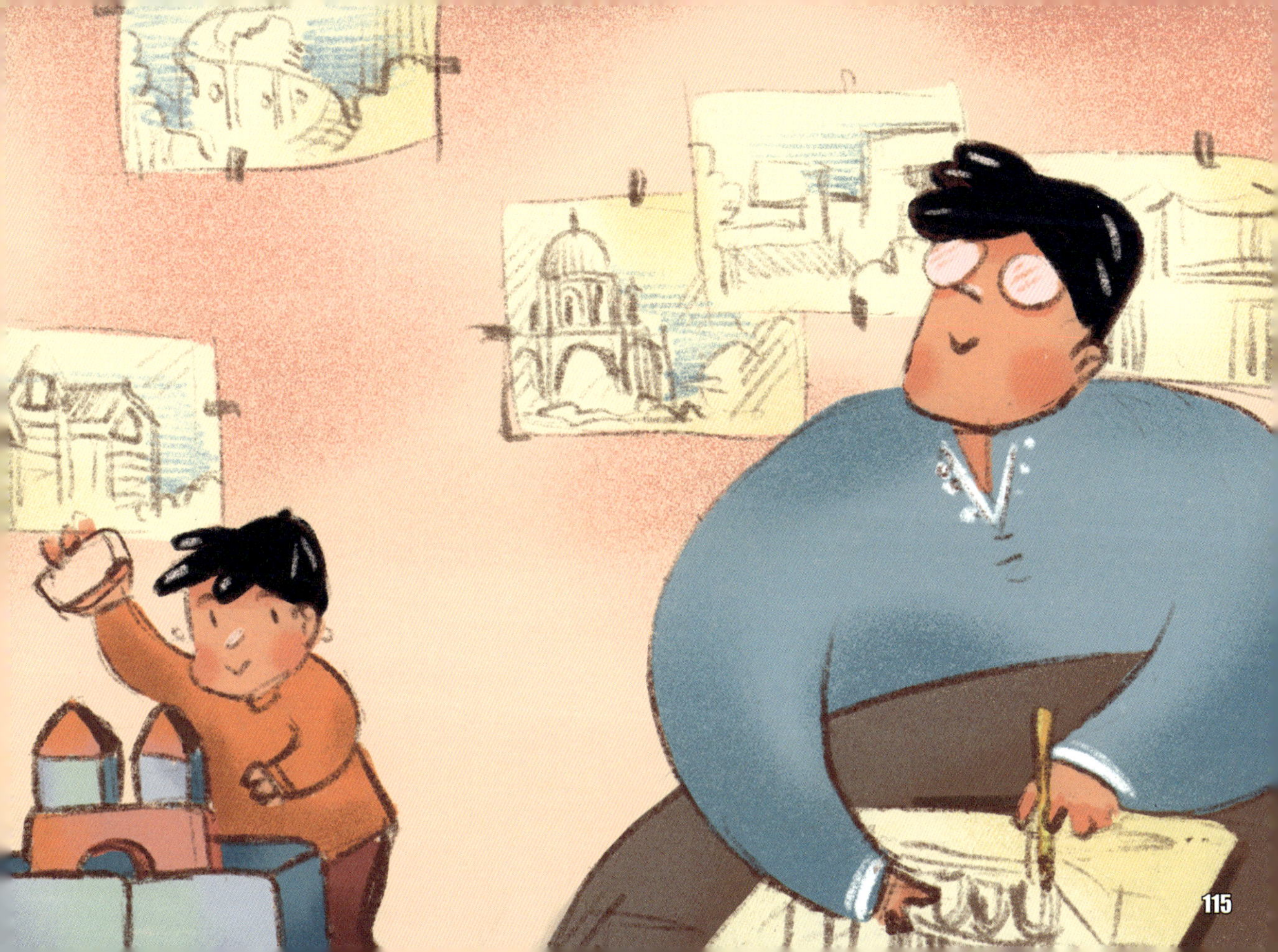

# 扬长避短更有效

Improving strengths is more effective than fixing weakness.

她喜欢画画，讨厌音乐；他学语言很快，解数学题很慢。

教室内或外界场合，在学校或在实践中，孩子和成人一样，并非完人；

他们都在一方面突出，另一方面则不然。我们应该着重发扬他们的优点，还是弥补他们的弱点？

大多数父母会倾向于安排更多数学课、练习钢琴的时间，他们认为弱点应该且能够被改善——

理论上确实如此，但事实上却不是。

只有当弱点成为发展的障碍时，才应得到改善。

但如果这些提升只是为了追求完美，那么这种追求反而成了新的障碍。

如果爱因斯坦不会用笔画画，他的父母只需要帮助他学习怎么使用画笔这种基本技能，

而不需要强求他达到画家水平。

迫使孩子花更多时间在不喜欢、不擅长的事情上，会让他无法对热爱和擅长的事情投入精力，

从而限制他的潜能，有损他的信心，减少他的精力。

父母应该寻求孩子的天赋而非追求完美，让孩子用有限的时间和精力去挖掘他独特的潜力。

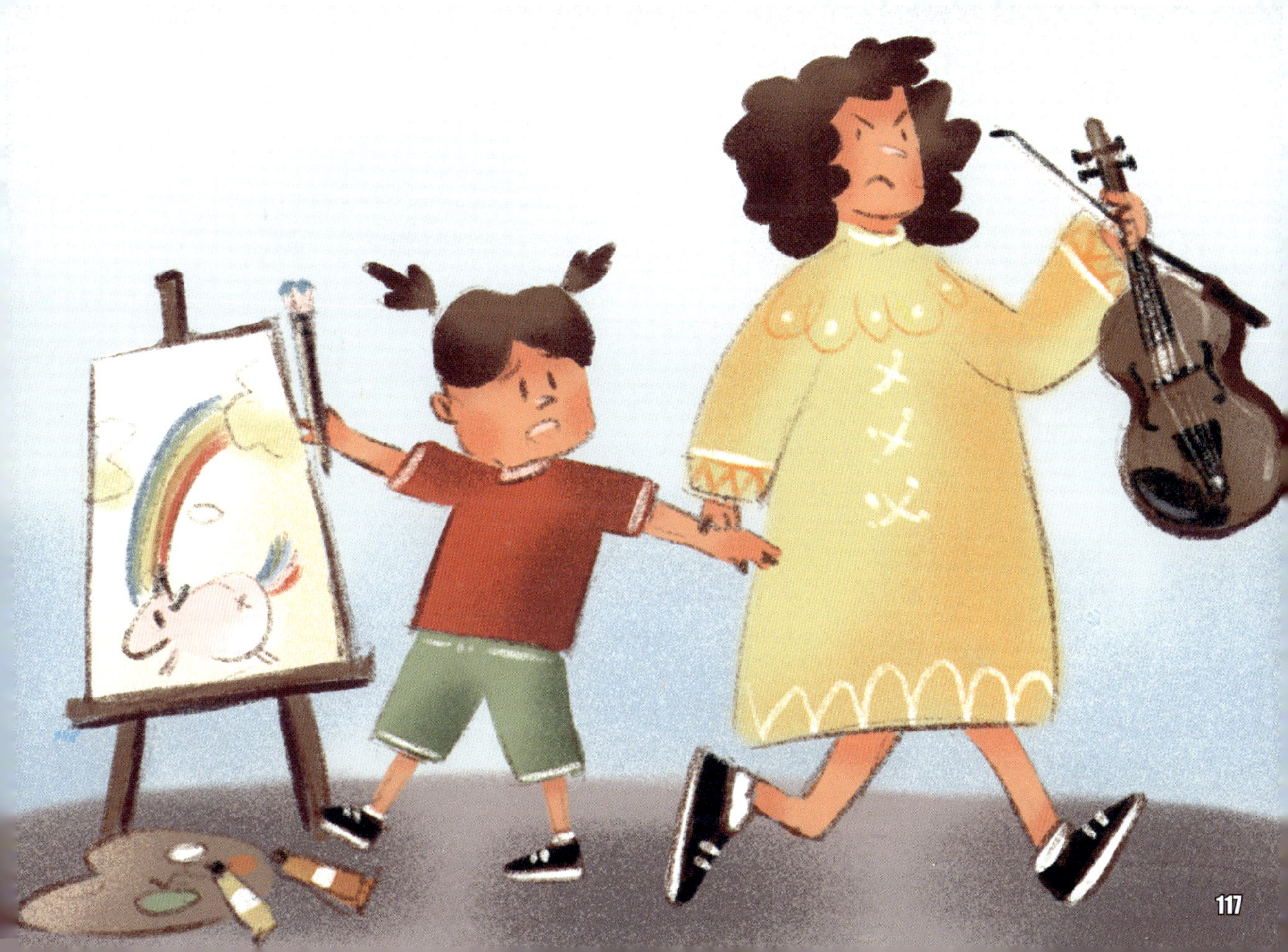

# "做什么"比"成为谁"更重要

Doing something is more important than being someone.

警察
医生
消防员

"你长大后想成为什么人？" 大人喜欢这样问孩子。
"警察，医生，消防员"，这是过去孩子可能会说的。
"变富，出名，网红"，这是现在孩子可能说的。
过去，他们想做些事情，帮助他人，为世界做最了不起的事。
现在，他们想拥有一些事物，帮助他们自己，成为世界上最了不起的人。
孩子没有变，社会变了：老师和父母喜欢比较，鼓励竞争，给成功定错误的标准，
关注他人的想法，而不是孩子的感受，让个人主义和成功优先于社区和贡献，
引导孩子走向错误的追求幸福之路。
幸福体现在过程中，而非结果，必须与他人连接，而非与他人比较，
应基于自己的感受而非他人的想法。
当父母接受这一思维，他们可以培养出这样的孩子：
相信自己，敢于做自己所喜欢的事，愿意帮助他人，
在过程中找到幸福，在结果中找到成功。

变富
出名
网红

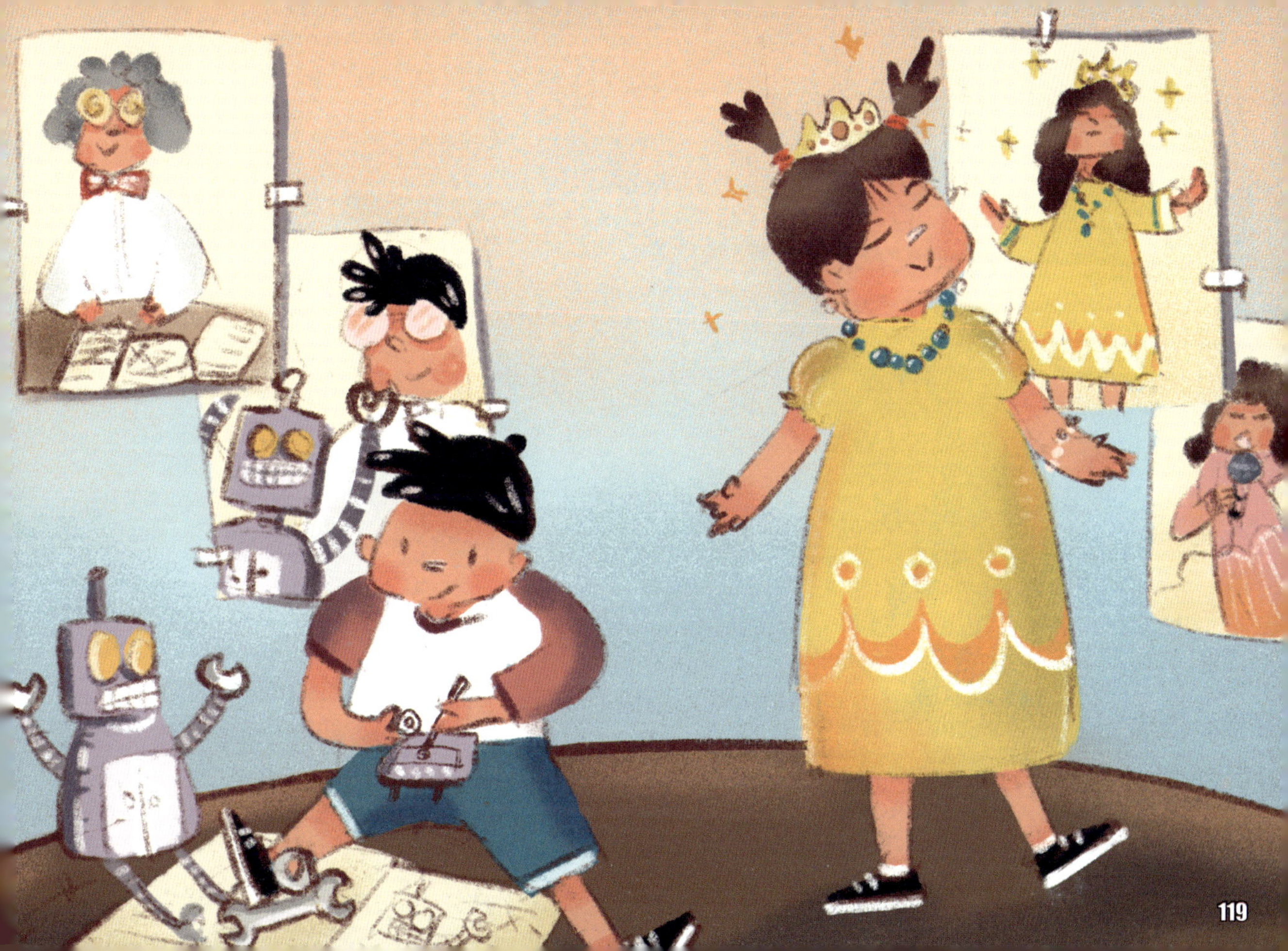

# 养育健全的孩子 比修正 "养坏了" 的孩子容易

It's easier to raise a strong child than to fix a "broken" one.

有规律的锻炼能强健体魄，强身健体。
过度的锻炼有损身体健康，使身体受伤。
吃好、睡好对身体好，防止生病。
吸烟、作息不规律对身体有害，催生疾病。
良好的健康意识，比身体生病了才吃药更重要，
培养心理健康的孩子，比尝试治愈心理出现问题的孩子更有效。
尽管竹子的前五年都被埋在土里，但正因如此，它才可以长得比其他植物高——
有足够的时间强化根茎，以应对未来多变的天气。
孩子虽然在童年跑得较慢，但正因如此，生活中能走得更远 ——
有足够的时间"做孩子"，滋养心灵，
保护并实践未来生活中面对挑战所需要的宝贵考验。
今日种下的，就是我们日后的收获。
今天没有播种的，可能会成为我们明天要付出的代价。
后继的代价通常比开始的投入要大。

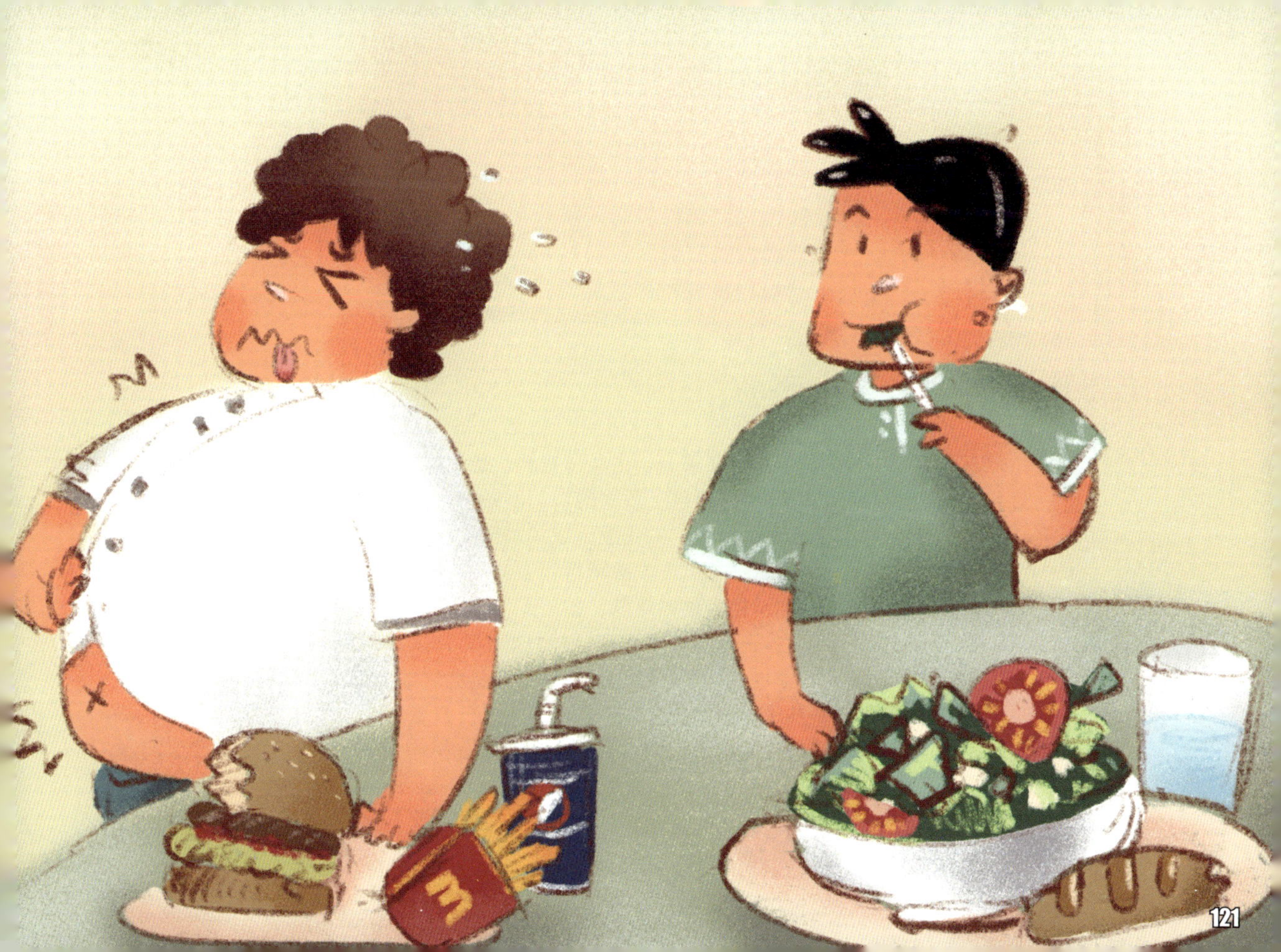

Responsibility is learnt from the consequences of wrong actions.

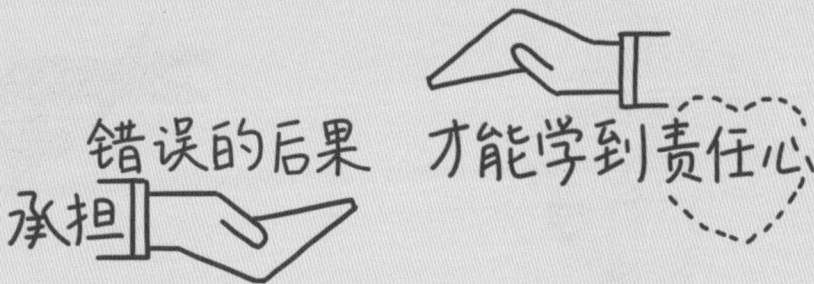

承担 错误的后果 才能学到责任心

小时候，孩子待在巢内，由父母抚养，能依赖父母；
父母帮助孩子解决他们的问题，
例如替孩子和老师交流，做作业，或买回他们丢失的玩具，
这样避免了孩子学会承担错误的后果。
没有感受到承担后果的痛苦，孩子无法学到责任心。
但是长大后，孩子必须离巢，开始自力更生，未来靠自己；
这需要独立性——能够独立作出选择和行为的能力，
还需要能够承担这些行为和选择的后果，就是责任心。
前者不可脱离后者：没有责任，就没有真正独立。

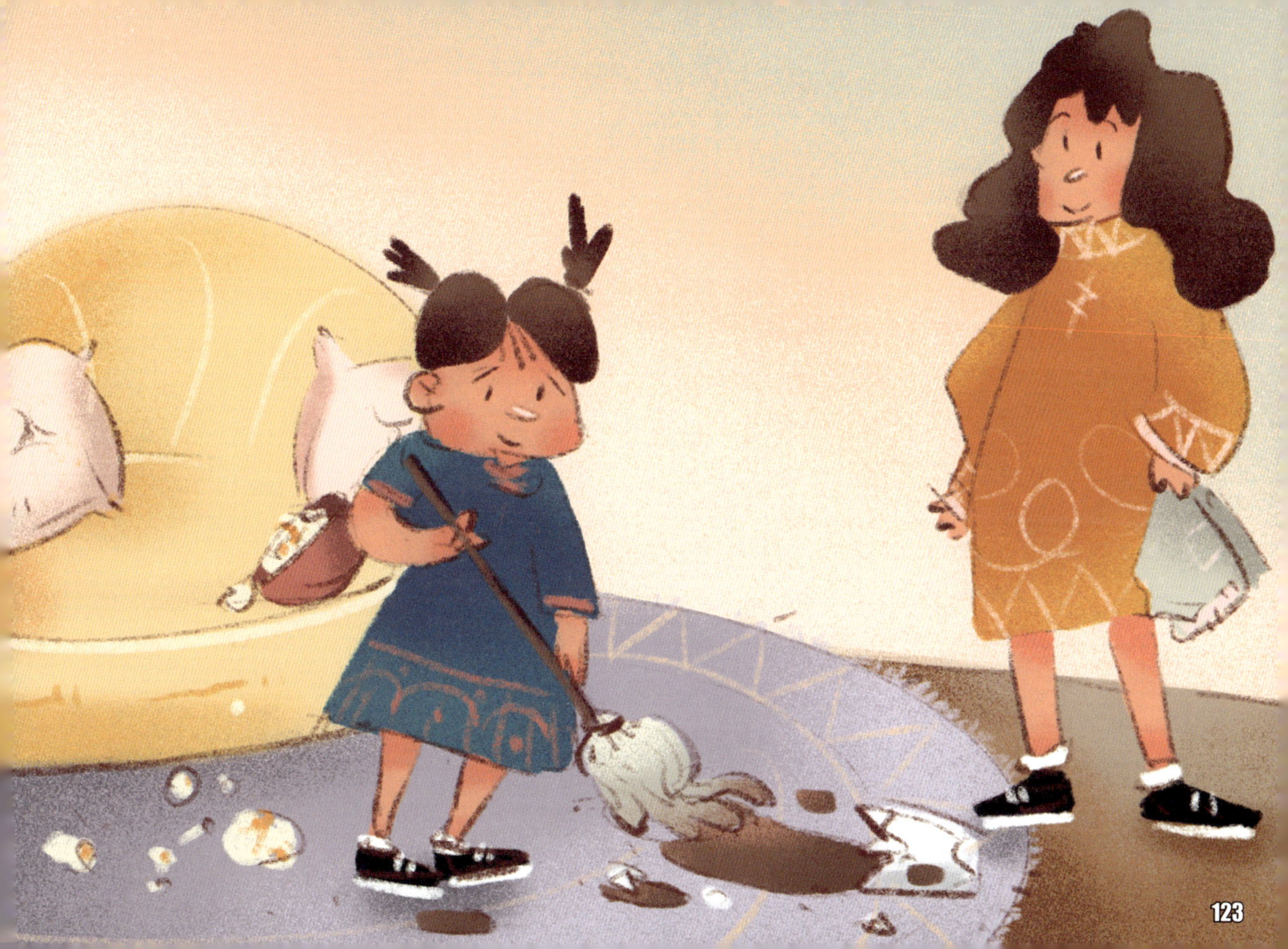

While at times giving helps the child, many times giving only serves the parents.

很多父母都想为孩子做事并给予，这是他们表达爱的方式。
有些父母喜欢为孩子做很多事，过度"服务"孩子，
这也是他们体现自我价值的一种方式。
理论上，给予本身应该是单纯的动作，是目标。
事实上，有时给予是带有目的的行为，是手段。
提供金钱，准备食物，购买礼物，代劳解决问题，当适当的给予变成"过度"给予时，
它不再是目的本身，而变成了一种手段——
"给予的行为"不是为了帮助孩子，反倒是为父母服务。
溺爱和过度保护孩子，让孩子依赖父母。
孩子越依赖父母，就越需要父母；越需要父母，父母越有价值，越感到重要。
为人父母和育儿有助于增强我们的自身价值，或者能用来定义自身价值，
可惜许多父母选择后者而非前者。

给予有时帮助孩子
多数时候则为父母服务

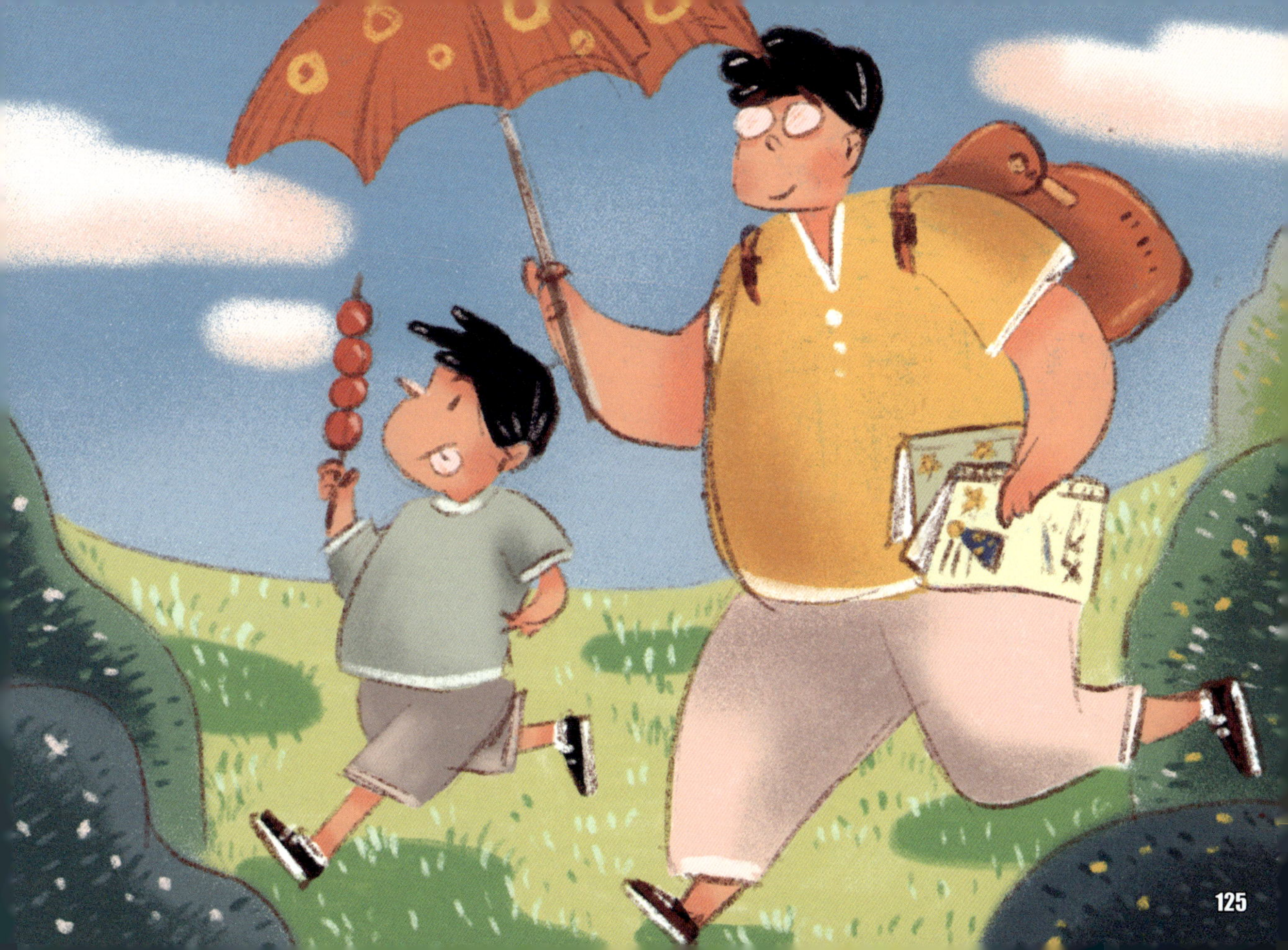

父母扮演的角色是教练而非老师
教育应通过行动和实践而非言语和理论

Our role as parents is to be a coach but not a teacher:
using action rather than words, practice rather than theory to teach.

老师用言语来阐述，教练通过动作来示范。
人们很容易假装老师——我们可以说出内心本不理解、不喜欢或并不真正认同的话；
教练却很难被模仿——我们无法表达出内心不理解、不喜欢或并不真正认同的话。
说假话很容易——它基于外界的规范，在短期内可能奏效；
行为造假却难得多——它基于内在的感觉，时间一长必失效！
孩子们在家并不需要老师，因为在学校里已经有很多老师了。
孩子们在家需要的是教练，
因为孩子们不善于倾听，他们会模仿所"看到"的，
用心去看，而非用眼！

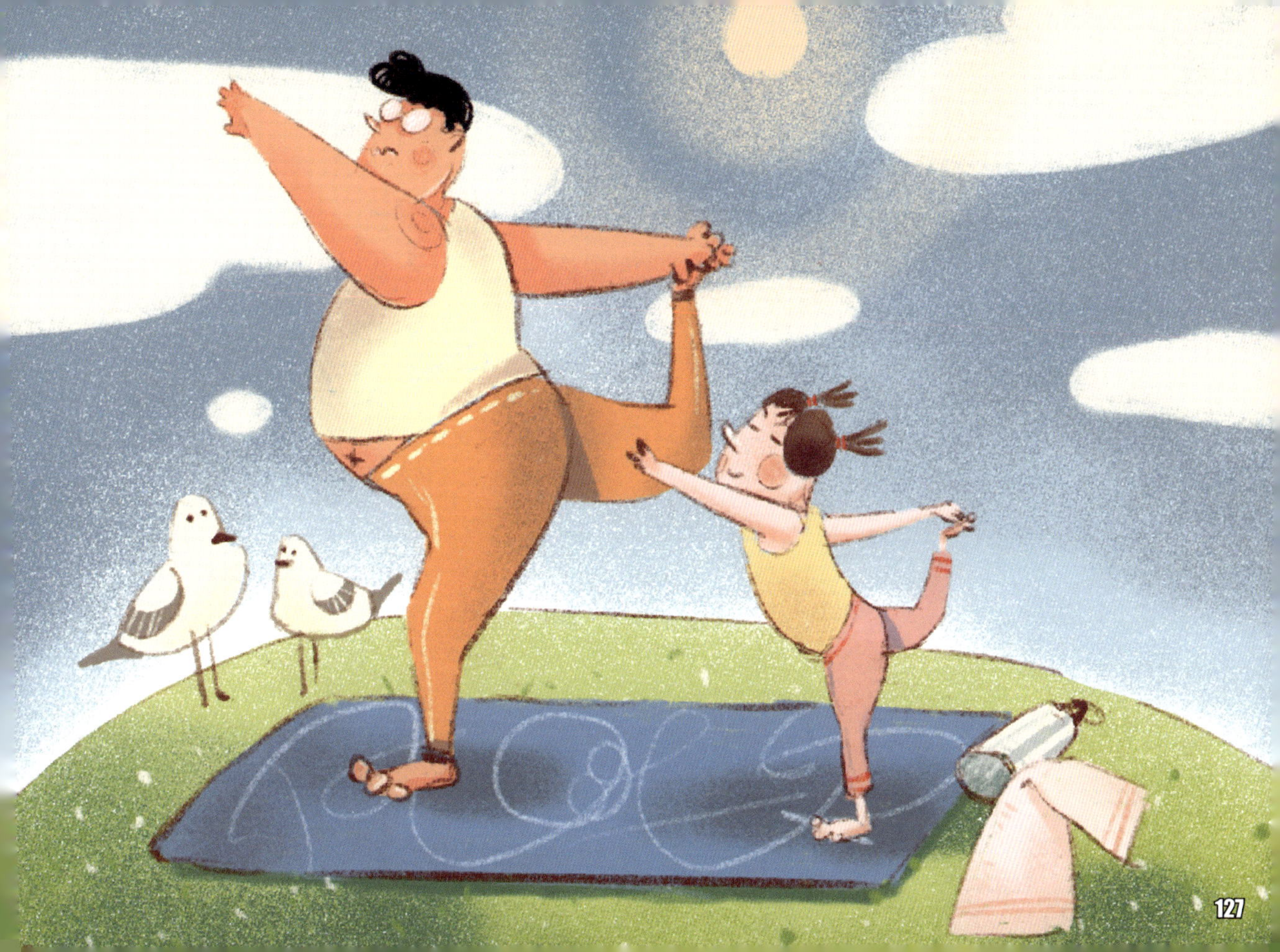

# 我们所关注的才会被放大

Like a magnifying glass, what we focus on enlarges what we'll see.

当孩子把房间弄乱，没有吃完盘中食物，把衣服弄脏，
父母看到这些不良的行为，就会生气，批评孩子。
当孩子把少许玩具收拾好，吃的食物比上一次多，或者衣服上的污点减少，
父母看到这些积极的提升，应该感到很开心，表扬孩子。
普通父母喜欢关注负面，因为这样更容易。
明智的父母更倾向强调正面，因为这样更有效。
理论上，指出缺点，能够改正缺点，
事实上，这只会让缺点变得更大、更长久。
当父母批评不良的行为时，是间接告诉孩子不好；
他们减少了孩子的自信和自我认可，且减弱他作出改变的意愿。
当父母表扬积极的提升时，是间接告诉孩子他做得很好；
他们增加了孩子的自信和自我认可，且增大孩子提升的意愿。
我们可以批评负面的行为，或表扬正面的行为，
选择不同，原则相同：我们所关注的才会被放大！

# 孩子对 失败的态度 决定了他们 成功的概率

Our children's attitude toward failure defines their probability of success.

你的孩子考试没有及格，他没能通过选拔进入团队，他比赛失败而归；
这些不同的情况，你的感受和反应是什么？
失望？伤心？但还能和他一起讨论，反思失败，并寻求提升方法。
还是羞愧和愤怒，继而责备，批评他为什么没有成功？
第一种反应是正常且有益的，而第二种反应是错误且有害的！
失败并非成功的对立面，而是通往成功的唯一道路！
错误不是成长中可避免的选项，而是学习过程中必不可少的一部分，生活更是如此（人无完人）。
恐惧阻碍勇气，而没有勇气，就没有动力尝试新鲜事物；尝试的经历促使人们成长；成长带来快乐和成功！
年轻时经历的失败越多，随着年龄增长，我们就越有经验，越无所畏惧（越有免疫力）。
这就是非凡的人和平凡的人的不同之处，即他们对待失败的态度！

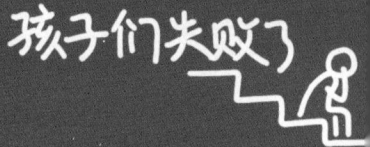

孩子们失败了

# 没有过去　就没有未来
# 没有传统　就没有创新

Without past there is no future, without tradition there is no innovation.

上学，学习技能，普通人喜欢展望未来。

和家人在一起，体验习俗，犹太人习惯回首过去。

前者关于创新，后者关于传统。

创新意味着机会，传统意味着稳定。

前者促使我们成长，后者给我们自信向前行进。

创新赋予我们翅膀以翱翔，但传统给我们港湾以感到安全。

分享民间故事、传承习俗，从特别的新年晚会到寻常的节日，从饮食到穿着，

传统之于我们孩子的精神鼓舞，就像脊椎之于我们的身体。

传统让他们有归属感，增强存在感；

传统这一支柱可以塑造孩子的身份，打造创新未来！

Nurturing a grateful heart,
develops a wise mind.

感恩之心
智慧之泉

大多数父母认为知识带来智慧：知识越多，智慧越多。
犹太父母明白感恩培育智慧：感恩越深，智慧越多。
对大多数人来说，感恩只是一种简单的美德，与社会规范有间接关系。
对犹太人来说，感恩是不可或缺的品质，直接影响生活质量。
从财产到金钱，从工作到家庭，感恩增加安全感，减少焦虑感，
我们在拥有更少时，享受更多，从而变得更幸福。
是愈发贪心，抱怨无法得到的一切，
还是少点追求，对所拥有的心怀感恩？
大多数人想要 1 000 种东西，直到他们生病了，
才明白实际上他们真正需要的只有一个！
感恩使孩子能够欣赏真正的价值，辨别什么是看起来非凡的
（即由他人定义的）但实际上比不上平凡的，
跟什么是看起来平凡但实际上不凡的。
智慧是批判性思考和做正确抉择的一种能力。
感恩是清楚辨别和明白正确价值的一种品质。
为了作出正确的决定，我们首先要识别真正的价值，
但如果无法清晰辨别，我们怎么能正确选择？

# 孩子"去哪里"比"在哪里"更重要

The direction in which children walk is more important than the position in which they stand.

在考试中得满分，在比赛中赢得奖品，他们很优秀！
大多数人在定义成功时可能会谈及过程，但真正在意的只是最终结果。
父母经常用各种形容词来表扬孩子的成就，用礼物做奖励，
他们认为自己在直接地帮助孩子，殊不知是在间接地伤害孩子；
他们让孩子相信使自己优秀的是所在的位置，而非前进的方向！
因此，孩子慢慢长大，一直朝社会定义的成功标准前进，直到抵达终点，
获得自己的位置，才认为是最终的优秀。
这样可能拥有技能，但缺乏思维——
只是专注于把终点当作要实现的一种位置，而不是提升的方向。
短期看，这能帮助他们领先，但从长期看，这会使他们落后。
世界在不断改变，因此正如爱因斯坦所说，我们必须教会孩子继续前进。

厉害

很棒

聪明

# 没有 "饥饿" 就没有 金·钱

Without "hunger", there can be no money.

当我们累了，就想睡觉；

当我们饿了，就想进食；

当有了生理需求，就会有身体行为。

我们所有外在表现背后，都有内在的动力机制。

当父母给予了所有，孩子就无须做任何事。

当孩子没有做事的需要，就没有行动的动力！

但当孩子想要，而父母没有满足时，

或当孩子需要，而父母没有帮助时，

他们停止索取，开始思考；停止等待，开始行动；停止被动，开始主动。

不是因为他们想要，而是因为他们需要；他们感到饥饿！

这就是如何赚钱，如何获得成功！

# 我们的 童年记忆 能成为

## 黑暗时期的 明灯

Our childhood memories can serve as our light during dark times.

年幼时，绝大多数时光我们都在希望自己长大；

现在我们长大了，大多数时间都在希望自己更年轻。

我们希望回到和小伙伴玩耍的泥土中，回到和父母一起的快乐旅行中。

童年经历在身体上塑造或摧毁我们，童年记忆也能够在精神上保护或伤害我们：

一种是祝福，另一种是负担。

当父母在孩子的童年陪伴、倾听孩子，给他们时间倾听自己内心，做真正的孩子时，

这些记忆能够在未来雨天中成为孩子前行的动力；

温暖我们的心，点亮我们的灵魂，给我们内在安全感和外在勇气。

那些记忆是我们醒后还陪伴着我们的梦，是我们灵魂的"抗衰老霜"——使我们永葆青春。

The most beautiful thing parents can do for their children is to love each other.

和孩子玩耍，倾听他们，陪伴他们，这是父母和孩子连接的方式。
为了培养孩子的归属感，父母应该投资自己的亲子关系，这是绝大多数人知道的！
为了让孩子有安全感，父母也应该投资自己的婚姻关系，这是绝大多数人忽略掉的！
看到父母间的爱，帮助孩子感觉被爱。
看到父母间的爱，帮助孩子明白爱。
看到父母间的爱，帮助孩子分享爱。
看到父母间的爱，帮助孩子创造一个有爱的家庭模式，
对自己和对世界都有积极阳光的思维。
让孩子在家中看到爱，是他学会爱最有效果的方式。

父母能为他们的孩子做的 最 美 好 的 事 情 就 是 彼此相爱

Ego is the enemy of wisdom.

从学术型医生身上还是从普通服务员身上学习？
听成功商人还是中途辍学的售货员身上的故事？
对大多数人来说，前者是很有价值的，而后者是浪费时间。
普通人认为智慧只能从比他们厉害的人身上学到。
优秀的人知道智慧也可以从与他们不同的人身上得到！
"谁是聪明人？"犹太智者本·佐玛说，"愿意向每个人学习的人是聪明人。"
就像我们能从医生身上学到学术知识，我们也能从服务员身上学到耐心的品质。
商人可能跟我们谈成功，但中途辍学的售货员教会我们如何面对失败。
教育不局限于书本和学位，而是包括各种形式和来源。
当父母教孩子如何欣赏他人而非评判他人时，
用主观横向的格局而非客观纵向的方式，
孩子会学到：智慧是关于经验和个人品质，而非头衔和集体的成就。
让他们感受到自己了解得很多，但理解得还不够。
建立起他们学习的信心，保护他们成长的动力；
减少自我，增加智慧。

自我

是智慧的敌人

# 叮孩子 ~~不是~~ 我们的名片

Our children are not our business card.

他想做一名医生，她想成为一位钢琴家；
他们年轻时，有一个梦想，想变得特别。
但他并没取得合适的成绩，而她面临经济困难；
他们曾有一个梦想，但无法实现，他们只能"继续平凡"。
因此，他安排自己的儿子学医，而她一直逼迫自己女儿练钢琴。
他们年轻时"被迫""平凡"，所以，现在他们想通过孩子变得非凡。
分数低或钱不够，自卑的感觉或缺乏成就，
不同的童年经历塑造不同的内在动力，导致相似的外在行为：
成为无意识用孩子来索取和弥补自己所缺的父母，
而不是向孩子给予或分享他们真正需要的！

# 理论上 大人养育小孩子

In the theory, adults should raise children.
In reality, children looking like adult raise other children.

孩子生气时——父母威胁他们停止叫喊！
孩子犯错时——父母批评他们做错事！
孩子不听话时——父母将他们和听话的孩子比较。
这样的孩子长大后会经常发脾气，
不承认自己的错误，喜欢掌控他们自己的孩子，
试图弥补孩童时期所缺失的——
如不能自由表达情感和不能掌控自己的人生，
不能感受到自己因为本身的样子被欣赏和尊重，反而是根据表现和达到的成就。
我们成为老师前，要先做一名学生；我们成为大人之前，要先做一个孩子。
但如果我们没有做一个真实的孩子，
那么我们很难会成为真正的成人，更难培养出身心健康幸福的孩子。

事实上"大小孩"养育着小小孩

# ✔ 父母应该询问

# ✘ 而不是干涉

Parents should enquire, without getting involved.

有些父母对孩子的生活不太关注：
他们不过问，不想知道，没有耐心。
还有些父母对孩子的生活过于关注：
他们经常询问，什么都想知道，什么都想协助，为孩子做一切事情。
前者伤害了孩子的归属感，使他们缺乏安全感，感受到孤独；
后者伤害了孩子的自我效能感，使他们缺乏自信，感到无能。
倾听他们的问题是培养安全感和自信的基础，
不替他们解决问题是创造自身价值和自我认可的基本。
安全感让孩子有勇气面对挑战，
克服这些挑战能提升他们的自我认可，增强孩子的效能感。
孩子的感受影响他们的行为，反之，他们的行为也影响他们的感受。

Words should build relationship. Actions should create boundaries.

当孩子知道规矩却没有遵循（如看电视、买糖果）时，大多数父母会生气。
一开始他们会威胁孩子"如果……就会……"，但最后他们会妥协。
这就是大多父母的教育：用言语让孩子听话，创造界线，
而用行动接近他们，建立联系。
导致孩子明白规矩却不遵循：他们知道父母只说不做！
事实上，父母应该反过来：用行动创造界线，用言语建立联系。

言 ←- - - - - - → 语　　行动
应建立联系　　　应创造界线

通过说对的话来强调（如"我知道你现在很沮丧""我觉得你有点失望"），
让孩子知道父母可以感受到孩子的痛苦。
但是，通过行动（如"但我还是不会给你买这个""但我们现在还是要走了"），
让孩子知道他们还是明确坚持自己的原则。
当父母把言语和情感、行动和逻辑结合在一起，
他们就能更好地平衡正确引导的方式和正向友谊的关系，
得到孩子的尊重，但仍然和他们保持距离！
从短期看，这不会让孩子更幸福，但从长期看，这定会让他们更好成长！

¥15

¥20

# 投资自己
## 就是对孩子最大的投资

Investing in ourselves is the best investment in our children.

父母把孩子的利益放在自己的需求之前，为孩子做饭、购物、开车、打扫，
投入时间和精力，牺牲了自己的爱好和与他人的联系。
因为爱孩子，所以他们投入所有！
短期看，这可能奏效，但长期看，可能失效。
犹太谚语："我若不为我，谁来为我？但我若只为我，我会成为谁？"
告诉我们先爱自己，再爱他人的重要性。
就像飞行前安全视频会指导我们先自己戴上氧气面罩以保证氧气一样，
为了更好地帮助孩子，父母首先要投资自己。
因为当父母在关系和婚姻中投入时间，继续追求爱好和梦想，保持锻炼和学习时，
当父母先投资自己的幸福时，他们能够更好、更有效地投资孩子；
增加为人父母的耐心，减少发脾气，强化亲子关系，
为孩子提供一个更健康、安全和幸福的家庭氛围和成长环境！

和课堂不同 ┆ 情商重于
在生活中 ┆ EQ ▲ 逻辑

In life, not like in class, EQ triumphs over logic.

逻辑问题或理性认识，用最短的时间提出最客观的答案：学术能力衡量智商。
情感问题或觉察能力，用对的表达辨认主观问题：情感能力衡量情商。
短期内智商让我们得到雇用，长期看情商使我们得以晋升。
通过过去的记录和成就，我们很容易看到前者，
但只有通过未来的互动和社交能力，我们才能感受到后者。
智商在学校里是优势，是关于数字和字词，主要依靠天赋。
情商是生活的要求，是关于人和感受，主要靠父母培养。
在工作中或是在家中，和朋友或是和家人，
我们孩子辨认和控制自己的情绪，感受和与他人连接的能力，
都是他们情商的水平而非智商的程度，
这会让他们工作上取得成功，生活中获得快乐！

# 教会孩子乐于分享 表达他们丰富的情绪

When it comes to emotions, teach your children to be rich and generous.

你教孩子分享情绪还是要求他们不外露情绪？

即使分享，是允许他们分享所有的情绪还是只选择部分情绪？

让他们在有需求的时候还是在你想要分享的时候分享情绪？

大多数父母乐于看到微笑，只有少数父母真正拥抱孩子的眼泪。

开心或悲伤，生气或害怕，情绪或正面或负面，或易或难，或短期或长期，

尽管它们的名称、持续时间和影响都不同，但都来自同一个地方——我们的内心。

因为有悲伤的存在，我们才能欣赏到快乐；因为我们知道害怕是什么，才能够感受到信任。

各种情绪都互相联系，互相影响。

一旦我们抑制某种负面情绪的表达，我们就无法感受到另一面的正面情绪。

正如弗洛伊德所说："未表达的情绪从未消失。它们被活埋，日后会以更强烈的形式出现。"

因此，情绪就像金钱，应该和他人多分享，而不是储存。

# 地图可以告诉孩子路线
# 但指南针能让他到达终点

A map will show your children the way, but a compass will take them there.

可以是学校或事业，可以是待完成的项目或未到达的终点；
从童年到成年，不同人生阶段，我们追求不同的目标。
因此，计划非常重要，
就像地图一样，能够提供清晰的里程碑，
指明方向，帮我们到达终点：它体现我们的客观指引。
理论上，一个学校项目或生活终点有明确的目标指引，
但实际生活中，往往无法提前计划。
因此，忠于自己想要的和相信的非常重要。
就像指南针一样，尽管前路有困难，它能使我们更好适应，
更好坚持，继续向前：它体现我们的主观动力。
教孩子如何计划目标和清晰的里程碑很有必要，能给他们信心以继续向前。
但只有孩子内在真正有动力，热爱他所做的事，他才有能力在想要放弃时继续向前：
这是指南针能做到的，而非地图。

# 父亲 儿子的第一个英雄
# 女儿的第一个情人

A father is the first hero for his son, and his daughter's first love.

问男孩"你想成为谁？"或问女孩"你想嫁给谁？"，
对男孩来说，父亲是童年的英雄；对女孩来说，父亲映射了她未来的丈夫。
男孩成为男人，只是一瞬间的事情；
而男人成为父亲，这需要一生的时间。
大多数人认为父亲的作用是在外面挣钱，
只有少数男性能明白还包括在家里陪伴。
愿意投入精力和学习的时间，有勇气做不完美和真实的自己！
父亲的形象塑造了男孩生活中的指向，定下了女孩未来找另一半的标准。
一个"相伴左右的父亲"有利于孩子的情感发展，积极影响他们的社会关系；
它滋养心态，培养品质，影响他们的心理健康和生活幸福！
成为男人是一种无意识的动作，成为父亲是有意识的决定，
而且是取得高回报的最低风险投资。

# 我们可以在每件事上 失败 除了 为人父母

We can afford to fail in everything,
apart from in parenting.

考试失败，可以重考；
生意失败，可以重来；
游戏失败，可以重玩；
但当我们做父母失败时，我们无法重新开始！
无论是学校考试还是电子游戏，无论是运动竞赛还是商业投资，
从童年到成年，为了学习我们必须尝试，
尝试是成长的一部分，而失败和尝试不可分割；
生活很慷慨，常常给我们其他机会。
为人父母是一种关系，以时间为基础。
我们生意投资错误，可以东山再起，
但投入给孩子的时间错误，则永远无法弥补。
用时间换来金钱，之后可以"买"和"增加"更多自由的时间，
但时间不能重新获得和修复：
孩子会长大，时光流逝，浪费时间就是输给时间！

# 技能带来舒适
# 思维带来幸福

Skill provides comfort, mindset grants happiness.

编程、计算、写作、设计，
培养孩子的技能在于学习某种特定方法。
好奇心、灵活性、欣赏、乐观，
培养孩子的思维在于更有深度地思考。
技能和金钱相关，能让孩子更富有。
思维和心理健康相关，能帮助孩子更幸福。
前者使我们的生活变得更好，
但后者能让我们的生活感受更美。
金钱影响幸福，但金钱不等于幸福。
这就是有钱人和富有的人不同之处；
前者用技能帮助他们获得财务自由，
但后者的思维同样让他们有能力享受
并创造这种自由的真正价值：幸福！

Empathy builds mental strength.

男孩打了其他孩子，普通的老师会责备他；
女孩因为坏掉的芭比娃娃而沮丧，普通的父母会作出弥补。
在遇到消极行为时，绝大多数成年人试着补救；
只有少数人试着理解！
前者看到问题行为，而后者感受到孩子的痛苦。
在孩子感到痛苦时，不是试着帮他们走出来，遗忘这一切，
而是给他们信心做自己，正视他们的情绪；
拥抱孩子，而非责骂孩子，
倾听孩子的感受，而非只是转移他的注意力；
当我们试着了解孩子的痛苦感受时，
我们就离他们的世界更近一步，而不是把他们向我们拉近；
我们就是在表现同理心。
父母试着了解孩子的感受和行为，而非一味指责或纠正，
就是给予孩子"无条件的爱"；
更好培养以信任为基础的关系，给他们自信去接受自己的情绪，
减少自己的压力，帮助他们向世界表达他们的情感，更好地了解自己，
间接使他们更好、更有包容心、更理解别人，增强精神免疫力，减少脆弱性！

同 理 心
爱 强化
精 神 力

身体 需要血液以存活

The body needs blood to survive as
the child needs parents.

红血细胞运输氧气，
白血细胞有利于抗击感染。
母亲的爱让孩子有安全感，
父亲的引导让孩子增加自信。
前者从内在连接，后者从外在保护。
母亲是孩子的避风港，她滋养他们的内心，
感化他们的灵魂。

安全的避风港影响船只的稳定性；
一个温暖的母亲影响孩子的心理健康成长。
父亲是孩子的引擎，强化孩子内心，
建立他们的自我价值。
好的引擎加强动力；
爸爸的榜样影响孩子的人格。
就像红细胞无法保护身体不受外部感染，
一位母亲无法取代父亲的缺失。
"跳探戈需要两个人"，为人父母也是两个成年人！

孩子 需要父母而生活

# 乐观 是孩子生存的精神武器

Optimism is a child's mental weapon to survive.

"约翰尼恨我，再也不会见我了！"

"今天，约翰尼生我的气，不想和我出去玩了。"

朋友的矛盾或考试结果，健康检查或求职面试，

从学习到关系，从工作到生活，发生在我们身上的是什么，取决于我们如何看待它：

乐观的孩子认为这些情况是偶然的，而悲观的孩子则确定这些情况永远不会结束。

前者把问题看成是暂时的，后者把坏事看成永恒的。

永恒意味着没有改变，没有改变就不会有希望，没有希望就不会有生活。

因此人的内心需要有希望，就像车辆需要燃油：希望让我们有动力继续，有精力坚持，有勇气一直尝试。

通过分享积极的经验和感恩的思想，参加运动，做好事，鼓励不同的想法，让他们有精神的支持，

通过日常活动和个人的榜样，父母可以改变孩子，培养孩子乐观的心态。

从生活上帮助他们；提升他们的幸福感，增强他们的体魄且积极影响他们的成功！

# 今天做 你希望孩子明天会记得 的父母

Be the parents today that you want your children to remember tomorrow.

当你闭上眼睛回想自己的父母时，
脑海中出现了什么？你想到的、看到的、感受到的是什么？
是积极还是消极？是温暖的光亮还是寒冷的漆黑？是压力还是平静？
那么，当你闭上眼睛展望你的孩子时，你想让他们对你有怎样的想法和感受？
在他们心里，能做你的孩子有多幸运还是多倒霉？
对你充满感激还是责备？充满真正的赞扬还是毫无尊重的蔑视？

"父母" 最终的画像由孩子 创造

但是画笔和颜料由父母提供：
通过他们对自身言语的反思和对自身行为的约束！

As the early morning defines the day, the early childhood defines our life.

一日
之计
在于
晨

一生
之计
在童
年

太阳、天空和周边景象，早上升起的太阳能帮助我们预测这一天。

微笑、经验和相关记忆，早期的童年能帮助我们预测这一生。

许多父母问："我们的孩子会自信还是胆小，

友善还是自私，积极还是消极，坚韧还是脆弱？"

犹太图书《塔木德》回答道：

"黄瓜的质量在花蕾时期就能够看出来。"

它告诉我们成人的许多痕迹早在童年就可以看出。

我们明天收获的粮食取决于今天的投资和种下的种子质量，

投入的时间而非金钱，人格的塑造而非知识的积累。

后者有生之年仍可学，但前者仅在童年得以培养。

# 写在最后

此书将带你领略广博的心理学知识和深奥的哲学思维，开阔视野，赋予你新思维、理论知识和实际方法，明白如何培养出身心健康的孩子，如何成为更好的父母。

此书将为你提供新思路，启发你放慢节奏，反思自己的一些陈旧想法，甚至可以打破某些传统教育理念。

这本书可以提供很多，但不能取代你作为孩子父母的角色——此书旨在提供思维和思考的工具，而不是可以直接使用的方法和答案：孩子各有不同，没有完全相同的教育方法！

此书旨在帮助你找到方向，而非给你方向。

我希望这本书能赋予你耐心和勇气观察自己的孩子，自我反思，什么样的教育方法最适合他！

正如鲁道夫·德瑞克斯 (Rudolf Dreikurs) 所说："敢于让自己不完美，允许孩子不完美。"

这正是我们为人父母真正所需！

教育不是为了逃离贫穷，而是为了战胜贫穷。

——朱利叶斯·尼雷尔

### 《"犹"趣的思维》

一本堪称图画浓缩版的《塔木德》。通过独具一格、趣味盎然且生动形象的视觉语言，对犹太人神秘的创造思维和财富教育背后的秘密进行分析、探索和解读。希望带领读者徜徉于犹太智慧的海洋，并深刻体会其经年累月积累下来的智慧。

### 《"犹"钱的思维》

一本充满犹太智慧的书，试图给你提供一个全新的角度、一次独特的机会去拥有更深、更广泛的见解，明白犹太人实现全球范围内的财富成功背后的思维方式。这本书会教给你犹太人真正的财富思维，它不仅教你如何赚钱、变得开心，而且更多的是教你如何利用金钱去获得幸福。

### 《"犹"智的思维》

有钱人或聪明人，这是我们想到犹太人时的第一印象。头脑和心态是犹太人用来建立这种印象的独特秘密。这本书通过对希伯来语的单词和字母的独特结构与组合的分析，让读者对犹太人的思维模式和生活方式有一个更深的、更清晰、更好的，360°的整体概念以及理解。